找到你自己的活法

为职场新人解八惑

张玮·著

企业管理出版社
ENTERPRISE MANAGEMENT PUBLISHING HOUSE

图书在版编目（CIP）数据

找到你自己的活法 / 张玮著. —北京：企业管理出版社，2014.8

ISBN 978-7-5164-0906-0

Ⅰ.①找… Ⅱ.①张… Ⅲ.①职业选择–通俗读物
Ⅳ.①C913.2-49

中国版本图书馆CIP数据核字（2014）第160583号

书　　名：找到你自己的活法
作　　者：张　玮
责任编辑：张　羿
书　　号：ISBN 978-7-5164-0906-0
出版发行：企业管理出版社
地　　址：北京市海淀区紫竹院南路17号　邮编：100048
网　　址：http://www.emph.cn
电　　话：编辑部（010）68453201　发行部（010）68701638
电子信箱：80147@sina.cn　zhs@emph.cn
印　　刷：香河闻泰印刷包装有限公司
经　　销：新华书店
规　　格：160毫米×230毫米　16开本　14印张　200千字
版　　次：2014年9月第1版　2014年9月第1次印刷
定　　价：29.80元

前 言

职业生涯是一个漫长的过程，职业目标不可能一蹴而就。

但是，只要知道了你在人生的道路上可能会遇到些什么，遇到了该怎么办，你就能清晰地明白眼前的路该怎么走。

弹指一挥已到花甲之年，既然这条路我已经艰难地走过来了，我就有责任把路上看到的美景和遇到的艰险都告诉你，愿你少一点曲折，少一点迷茫，走得更顺畅也更快乐。

乔布斯高中毕业后，只在俄勒冈州的里得学院读了半年大学，而管理大师彼得·德鲁克是法兰克福大学的法学博士；松下幸之助只上过4年小学，而给世界带来光明的爱因斯坦，先后获得过苏黎世大学和格拉斯哥大学的博士学位。他们都是在不同程度上，以不同的方式改变了世界的人，但你无法用“学历”这条标准衡量他们任何人。

我想说的是，每个人在踏上职业征途的那一刻时，基础不尽相同，起点有天壤之别，但这没关系，只要你有抱负，只要你肯努力，只要你有智慧，只要你输得起，只要你改变得及时，你就一定会实现自己的职业目标。

也许，你也会是一个改变世界的人。

44年的职业道路，44年的奋力拼搏，使我深刻地感悟到：

第一，起点对于人的一生并不大重要，重要的在于转折点上。

第二，人生的道路虽然很漫长，但真正起决定作用的其实就那几步。

蔡康永说，15岁觉得游泳难，放弃游泳，到18岁遇到一个你喜欢的人约你去游泳，你只好说“我不会耶”。18岁觉得英文难，放弃英文，28岁出现一个很棒但要会英文的工作，你只好说“我不会耶”。

年轻的你：不管此刻站在什么起点上，千万不错过那几次关键的转折，而当转折的机遇来临时，你准备好了吗？

张玮

2014年6月于北京

目 录
Contents

第一章 终极追问：怎样认识我自己？

第二章 你的人生有无限可能：怎样定目标？

第三章 很少有人能独自成功：怎样成为受欢迎的团队成员？

第四章 你的绩效由谁说了算：怎样与上司相处？

第五章 工作很重要，但不是一切：怎样给自己“减压”

第六章 要让周围的人尊重你：怎样成为有风度的人？

第七章 情商比智商还重要：怎样与他人良好沟通

第八章 做更好的自己：怎样提升与完善自己？

第一章

终极追问：怎样认识我自己？

张玮说：

只有了解自己，才能够知道自己在人生的舞台上，适宜扮演什么角色。

遇见未知的自己：你未必了解自我

在新员工职业化塑造训练营开营的“破冰”现场，教官问大家：“你们都了解自己吗？

没有人回答。

教官又问：“了解自己80%的人请举手。”

没有人举手。

“了解自己60%的人请举手。”

大约有五六个人迟疑地举起手来。

“了解自己40%的人请举手。”

大约有一半的学员立刻把手举了起来。

我在旁边看着这一幕教官与学员的“对白”，着实为教官捏了一把汗：学员的回答显然没按着教官引导的路子走。那么，教官想要的是怎样的结果呢？

当他问“你们了解自己有多少”时，学员们个个都自信满满。

于是教官就提几个类似于“如果从来没有镜子，你至今能知道自己长什么模样吗？”这样已经不知被多少老师玩儿过多少遍的问题。学员们就都傻在了那里。教官在“镇服”了学员之后，就开始教导大家：“其实一个人最不了解的就是自己，这叫不识庐山真面目，只缘身在此山中。”

完成了这一段精彩的“楔子和跋”，就可以自然而然地进入到教学的正题，告诉大家应当用哪些方法、通过哪些途径去了解自己。

显然教官把这些年轻人想简单了。他们没有被“忽悠”，虽然他们在抒发情感时会不假思索地告诉你：我们是无所畏惧的一代！但是，当他们意识到你是在认真地问他——关于人生的严肃课题时，他们就会理性、谨慎地小心作答。

我在“前言”里为年轻人的稚嫩而担忧，而在这里，又为他们的老到与成熟而倍感欣慰。

只有了解自己，才能够知道自己在人生的舞台上，适宜扮演什么角色。

那么，应当从哪些方面了解自己呢？

气质影响人生：你属于哪种气质类型

气质是依赖人的生理素质或身体特点的人格特征，是人的先天禀赋、人格形成的原始材料之一，表现在心理活动的动力特征上，如心理过程的速度、强度、稳定性、指向性和灵活性等。具体表现为情绪体验的强弱、意志力的大小、注意集中时间的长短、知觉或思维的快慢等，使个体的全部心理活动呈现独特的色彩。

气质类型包括：胆汁质、多血质、粘液质、抑郁质等。

不同的气质类型会表现出不同的行为特征。

比如，胆汁质的人往往将内心的感受溢于言表，喜欢快人快语直抒胸臆，抒发情感时可能会难以自制。

多血质的人处事灵活，性情多变，为了最高效地达成目标，他们往往寻找最便捷的途径，可能会违反一点规则，但一般不会出“大格”。

粘液质的人循规蹈矩，遵纪守法，原则性强，在完成既定目标明确的任务时，是认真执行的典范。但相对而言创新性较差，较缺乏冒险精神。

抑郁质的人大多性格内向，不善交际。《红楼梦》里的林黛玉就表现出典型的抑郁质的气质特征，她爱之深，恨之切，心胸狭窄，生性敏感而多疑。但这类人一旦付出就会毫无保留，一旦找到真爱，就会赴汤蹈火，在所不辞。

表1-1 气质类型对照表

气质类型	神经活动类型	强度	平衡性	灵活性	行为特点
胆汁质	兴奋型	强	不平衡		攻击性强，易兴奋、不易约束，抑制性差
多血质	活泼型	强	平衡	灵活	活泼好动，反应灵活，好交际
粘液质	安静型	强	平衡	不灵活	安静、坚定、迟缓有节制、不好交际
抑郁质	弱型	弱			胆小畏缩、消极防御、反应强

气质是人的先天禀赋，所以，在大多数情况下，即使你意识到自己的主导气质特征有碍自己的发展，也无力去改变它。但是，随着年龄的增长、阅历的丰富、经验的积累，人们在生活实践中，逐渐学会了控制与纠正自己的主导气质特征给自己带来的有碍成功与发展的行为表现。例如：胆汁质的人容易情绪化，但是，在他的人生经历中，多次无所顾忌的情绪化发泄给他带来的烦恼与挫折，让他吃尽了苦头，使他逐渐学会了控制自己的情绪。

我们可以通过表1-1的“行为特点”一栏来判断自己的主导气质特征。同时，也可以通过学习，培养起其他气质类型的人的好的行为特点，取长补短，完善自己。

四个男人的四种表现

这几天，北展剧场在上演《天鹅湖》，是俄罗斯芭蕾舞团的演出。四对青年情侣去看演出。7点半开演，当他们赶到时，已过了7点40了。检票员不放他们进去，理由是：你们现在进去，会影响按时入场的人观看表演。你们只能在上半场与下半场之间的休息时间入场。

第一对情侣：

女孩说：“谁让咱们来晚了呢，只好等吧。”

男孩怒不可遏，对女孩大声说：“凭什么来晚了就只能看半场，这是谁定的规矩？票面上没有提示，现场也没有公告，就凭他一个检票员随便说个道理，咱这戏就看不成了？我去找值班经理，非得把这道理讲清楚不可，还必须让他向咱赔礼道歉。”

说完，男孩找检票员说理去了。

第二对情侣：

女孩对男孩说：“你还不去据理力争？”

男孩神秘地对女孩说：“我发现了一条秘密通道。你看，入场口左边有个小门，他们剧场的工作人员都从那个小门进进出出，咱们何不趁着检票员被那么多人围着讲理的工夫从那个小门溜进去？”

说着，他就带着女友悄悄地溜进了剧场。

第三对情侣：

女孩对男孩抱怨：“人家有讲理的，有找窍门的，就你坐在那儿发呆！”

男孩认真地答道：“我是在想怎么做更合适。跟检票员吵没有道理，迟到是我们的错，再闯进去打搅别人看戏，更是错上加错。偷偷溜进去，让人捉住，多难为情。”

女友不耐烦地打断他的话：“那你说怎么办？”

“咱们问问检票员到中场休息还有多长时间，何不利用这段时间，到剧场旁边的超市把明天的早点买了。回来正好赶上看下半场。反正也晚了，能看多少看多少呗，发牢骚有什么用？”

第四对情侣：

女孩问男孩：“咱们怎么办？”

男孩撕碎了手中的戏票，狠狠地说：“那么远赶来，只看半场戏，简直窝囊死了！哪还有看戏的心情。”

他一转身，拉着女友的手，说了声：“回家！”就消失在了黑暗中。

这四对情侣中的四位男孩分别表现出了四种不同的气质类型，如果你当时是他们中的一位，你会怎么做呢？

血型对行为也有影响

血型也属于气质类型的范畴。现在有些单位在招聘员工时，往往会要求应聘者在简历表中填上血型，作为是否录用的参考。

有记者报道，某地一服装店招聘导购员，要求是性格开朗的O型血，店老板表示："这是有研究论据的，O型血的人，大方、热情、开朗、自信、活跃，比较适合做销售。"

甚至星座也成为了一些年轻人寻找合作伙伴的潜在参考因素，比如在创业者群体中，成功者中有很多人是狮子座和天蝎座的；受欢迎的靠谱员工，天秤座榜上有名；白羊座热情；金牛座务实；

处女座，因为挑剔计较，则在生活中被调侃为最不受欢迎的星座，等等。

戏说完毕，言归正传说血型。

大多数人无非属于以下四种血型中的一种，即：

A型

B型

AB型

O型

现在，我们谨从每种血型的人的逻辑思维特征上略述一二——

A型血的人是线性思维。

线性思维的人做事专注、执著、周密，不仅关注目标，而且关注过程。他在做一件事情的时候，不愿意别人来干扰和指挥，愿意自己作主。由于思维的纵深延续性强，相对关注的幅度不够。

B型血的人是发散性思维。

发散性思维的人活跃、敏感、易兴奋，思维的跳跃性强。当他正在做一件事情，而别人告诉他有另外一件更有趣的事邀请他做的时候，他有时会不假思索地愉快地接受邀请。他可以同时对许多事情发生兴趣，也认为自己能同时把许多事情都办好。但是，相比之下，做每一件事情时的关注与执著程度，B型血的人不如A型血的人。

AB型血的人是聚合平衡性思维。

他们聚合平衡了A型血的人与B型血的人的优点，也聚合平衡了A型血的人与B型血的人的缺点。

O型血的人是逻辑推理性思维。

逻辑推理性思维的人思维的逻辑性强，理性、严谨、有层次、有条理，注重事物之间的关联性。他们定义某件事情或作出某个结论的依据，往往不是自己对于构成整个事件的每个具体事实的把握，而是自己对于事件中每个具体事实之间的关系的判断与分析。由于他们习惯于推理的思维，有时会表现出较强的主观臆断性。

在分析了不同血型的人的不同思维特征之后，有必要说明一点：

与气质类型一样，人们在经历了无数磨难之后，会用其他血型的人的思维特征的长处来补自己思维特征的短处。这种有意识的“取长补短”，会弥补人们因遗传基因带来的“缺陷”。所以，不能用绝对的眼光去看待血型与人格的关系，一个人对某件事的态度，是在多种因素的相互制约、相互影响下形成的，假若将人复杂的认知过程简单归类，得出的结论一定是不足为据的。

看电影猜血型：大侦探波洛的破案风格

上世纪80年代，有两部广为人知的外国电影，一部是《尼罗河上的惨案》，一部是《阳光下的罪恶》。这两部电影情节相似，人物相似，而且几乎是同一班人马出演。电影的主人公——大侦探波洛，他侦破案件的方式与众不同，案发现场搜集到的证据，是他推理与判断的主要素材。他往往根据这些证据，以及与这些证据相关联的人和事来推断案情。并不断地寻找新的证据，来证实与发展自己的推断。

对整个案件了如指掌之后，他将所有与案件相关联的人召集在一起，把每个人在案件中的角色，如数家珍般地娓娓道来。他的“神侃”让所有在场的人目瞪口呆！最后，无罪的自然释怀，有罪的就像被扒光了衣服暴露在光天化日之下，只得认罪伏法，丝毫没有抵赖的余地。

电影的最后，波洛看着犯罪嫌疑人那狼狈不堪的窘态，看着周围人那无限钦佩的神情，得意地捋着他那两撇修得整整齐齐的胡子，眼睛里流露出了胜利的目光。

那么，你认为波洛有可能是什么血型呢？

保持自省：成事者必备之能力

职场和社会一样，有层次之分，高下之别，想做得好，得到更多人的认可，更高的职位和更高的薪水，你就必须竞争，让自己成为职场的强者，这种强，一方面是职业能力，一方面是心理素质，缺一不可。能力是使人能成功地完成某种活动所需的个性心理特征或人格特质，它不是与生俱来的，而是在人的遗传素质的基础上，在实践活动中逐渐形成和发展起来的。

个体的能力差异主要受遗传素质、后天环境、个人努力三个方面的影响。

一个心理与生理都处于健康状态的人具备以下七种能力，即：

IQ：语言能力、数理逻辑能力、音乐能力、肢体能力、空间能力。

EQ：人际能力、内省能力。

个体只有具备一定的能力，才能顺利地掌握所学的知识和技能，才能达成自己工作、学习与生活的目标。

当然，实现目标的过程同时也是提高能力水平的过程。

人的一生就是在确定目标，达成目标，再确定目标，再达成目标的奋斗中度过。然而，任何一个目标的达成，都必须以具备某种特定能力做支撑。

你要想成为一名优秀的培训师吗？那就必须具备较强的表达能力和号召力、感染力；

你要想成为一名好歌手吗？那就必须具备较强的音乐感受能力和一副好嗓子；

你要想成为一名令人羡慕的宇航员吗？那就必须具备较强的肢体能力和空间感受与掌控能力。

你若想成为一名优秀的职业人，在这七种能力中，最为重要的则是人际能力和内省能力。

人际能力，又称为人际技能。

被誉为20世纪最伟大的心灵导师和成功学大师的戴尔·卡耐基，在他的第一部成功学著作《沟通的艺术》中曾说："一个人事业上的成功，只有15%是由于他的专业技术，另外的85%要依靠他的人际关系、处事技巧。"

除非你是在某个特定历史条件下，没有任何高科技资源，只能独自一人做陈景润那样的基础研究；或是遭遇到鲁宾逊那样的境遇，被命运无情地遗弃在孤岛上，为了生存而独自奋斗，否则，哪个人的成功不需要别人的帮助？哪个人的成功不需要在团队的氛围中实现？

内省能力，又称为省察能力或内省技能，它是指一个人反省与否定自己的能力。我在自己42年职业生涯的道路上，越来越深刻地感悟到：达成目标的过程，其实就是创新的过程。而创新源自对新知识与新理念的学习和对旧知识与旧理念的否定。只有不断地否定自己，才能够不断地达成目标。

在实现人生目标的道路上，你必定会遇到许多竞争者。不要惧怕那些孤傲不逊的人，不要惧怕那些自命不凡的人，不要惧怕他们外在个性所带来的气势和压力。如果你具有很强的自省能力，这种种人都不是你的对手。项羽、吕布虽然武功盖世，但对于貌似文弱谦和，实则心计多端的刘邦、刘备，他们就显得太嫩了！真正具有实力的竞争对手，是那些总在不断反省、改变与提高自己的人，是那些既能客观判断情境，又能理性认知自我的人。直到司马懿第二次被曹魏起用之前，诸葛亮怕过谁？但当司马懿封为都督，执掌兵权之后，诸葛亮真正感到了"棋逢对手"，因为他清醒地认识到：司马懿决不是一个固步自封的人。

孔子曰："三人同行，必有我师焉。"他还说："见贤思齐焉,见不贤而内自省也。"孔子提倡不耻下问和礼贤下士，他教导我们，欲成大事者，必须具有谦和、兼听、包容、省察的品质。一个人如果不能看清自己，也就无法看清别人和世界。

富兰克林的日记

没有人能随随便便成功。成功难，但养成好习惯不难，很多成功的人，都有一些日积月累的好习惯，好习惯让他们拥有了比别人更有效的行动，总能领先一步。

本杰明·富兰克林（1706—1790），美国历史上第一位享有国际声誉的社会活动家、科学家和发明家。

他从年轻时起就养成了记日记的习惯。在每天的日记里只写三个内容：我今天都做错了哪些事？是为什么错的？明天我将怎样改正？他就这样日复一日地记了一生，直到生命的最后一刻。

1790年4月16日的晚上，这位84岁的老人，完成了一天的工作之后，拖着疲倦的身体，依旧坐到台灯前，打开日记本："我今天都做错了哪些事？是为什么错的？明天我将怎样改正？"他认真地省察着自己一天的工作和生活。

写完之后，他如释重负般地长嘘了一口气，上床就寝。

但是，第二天他却没有醒来。4月17日凌晨，他与世长辞了。这一天，是这位伟大的老人一生中唯一的一次没有实现自己改正昨天错误的诺言！

富兰克林，这位一生都在检讨自己的人，为人类做出了哪些贡献呢？

他深入探讨电运动规律，创造了正电、负电、导电体、电池、充电、放电等许多专用名词，并曾做过著名的“风筝实验”，在电学上成就显著。

他借用数学上正负的概念，第一个科学地用正电、负电概念表示电荷性质，并提出了电荷不能创生，也不能消灭的思想。

他最先提出了避雷针的设想，由此而制造的避雷针，避免了雷击灾难，破除了过去的迷信观念。

他参与起草了《独立宣言》和美国宪法，积极主张废除农奴制度，深受美国人民的尊敬。

他成为美国历史上第一位驻法大使，在国际上享有盛誉。

……

我们不必复制他的行为天天写日记，但我们必须日日保持自省，随时提醒自己：更谦虚一点，更认真一点，更成熟一点，更努力一点，更优秀一点。

性格决定命运

性格，是指人们对现实中客观事物经常的稳定的态度，以及与之相应的习惯化了的行为方式。是与社会道德评价相联系的人格特质，即后天形成的品格，如诚实、坚贞、奸诈等可作善恶、好坏、是非等价值评价的心理品质。

性格分为：外向型、内向型；现实型、想象型；思维型、情感型；组织型、灵活型等。

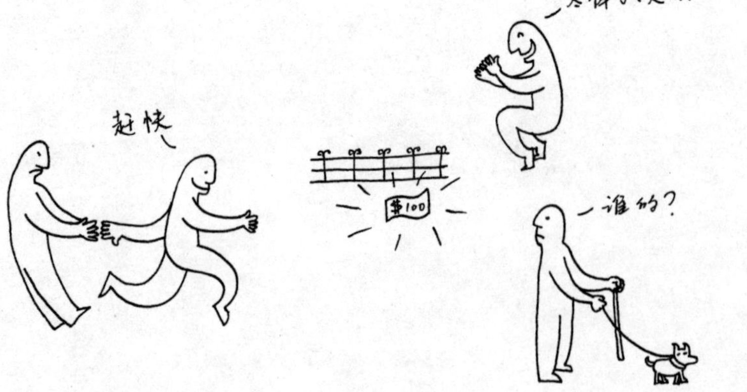

性格决定命运。我们要想在自己的人生道路上实现目标，取得成功，就要坚持与发扬性格中的优点；克服与纠正性格中的缺点。

不同的性格特征的人各有哪些特点呢？

外向型的人能够较快地适应外部环境；喜欢以语言交流的方式与别人沟通；通过探讨的方式做出决定；通过实践或讨论达到最佳的学习效果；有广泛的兴趣；社交活跃，善于表达；在工作和人际关系上采取主动。

内向型的人被自己的内心世界所吸引；喜欢以文字表达的方式与别人沟通；通过思考的方式做出决定；通过独立思考和在脑海里“实习”达到最佳的学习效果；有深入的兴趣；喜欢独处，自我克制；当情况或事情对自己非常重要时会采取主动。

实感型的人注重目前的事实；对于身边发生的事情和细节，能够观察入微；专注于真实和实在的东西；留意和记得具体细节；小心深入地逐步迈向结论；通过实际应用去了解意念和理论；相信经验。

直觉型的人注重将来的可能性；富有想像力，言谈具有创意性；专注资料中的模式和意义；只记得与模式相关的细节；根据预感很快做出结论；先要清楚了解意念和理论，才付诸行动；相信灵感。

思考型的人善于分析；善用因果推理方式；运用逻辑来解决问题；追求客观真理标准；讲道理；能够“硬心肠”；在考虑个人特殊需求时，注重兼顾公平性。

情感型的人常站在别人的角度考虑问题；以个人的价值观作为标准；估量所做决定对人的影响；追求和谐共处和积极的互动；富有同情心；可能会被认为心肠软；在考虑个人特殊需求时，不大注重兼顾公平性。

组织型的人有计划；生活有条理；思考问题的系统性、顺序性强；按照规范去工作；对突发事件与复杂变化的环境，适应性较差；处事不够灵活。

灵活型的人即兴、灵活、随意；凡事留有余地；做事随机应变，方法多、效率高；不愿受约束；不惧怕突发事件和复杂变化的环境；对规范环境中的重复性工作不耐烦。

性格一旦形成，就不容易改变，因为它是以习惯为前提的。但是，不容易改变并不等于不能改变。一个情绪化的人，为了求得在复杂环境中生存，可以变得很理性；一个性格内敛、不善言辞的人，为了在异国他乡站住脚跟，可以变得很会交际。

从“本我”到“自我”，主要靠自律；从“自我”到“超我”，主要靠改变。

一个人最大的胜利是战胜自己。性格的改变确实很难，因为它是“习惯化了的行为方式”；性格的改变往往又是必须的，因为它是“与社会道德评价相联系的人格特质”，而不同的社会环境，又有不同的道德评价标准。当你为了求得在新的社会环境中的生存与发展，你唯一能够做的只有改变自己，适应环境。“性格决定命运”，说的就是这个道理。

做不同选择的人，他们的决定和自己的性格有关。

同样面对已知的他人教训，有的人吸取别人撞得头破血流的经验作为自己的前车之鉴，有的人却坚持一切自己摸索，哪怕撞得头破血流。前者是聪明的，懂得思考和举一反三，后者可以说他们认真，勇敢，执着，但不可否认，他们也是莽撞任性的。人生苦短，与其用惨痛经验换来教训，不如用别人的经验指导自己。把时间用在更有把握的事情上，不是更有价值吗？

你准备好了吗：胜任素质对于成功很重要

胜任素质，指个体完成一定的活动与任务所具备的基本条件和基本特点。

胜任素质包括生理素质与心理素质。

其中，生理素质包括体质、体力、精力。

体质是遗传所得。而体力和精力与后天的成长环境、身体锻炼有着密切的关系。

在当今竞争激烈、复杂多变的社会环境中，身体健康，精力充沛已成为一个人实现理想、成就事业的基本条件。其重要性不言而喻。

如果乔布斯没有得癌症英年早逝，他将在很长一段时间内仍然是极致用户体验的领先者，他将为“苹果”书写出更多神话般的传奇故事。而在中国，褚时健84岁重新创业，如果没有健康的体魄，则是无法想象的。

心理素质包括文化素质，即受专门教育的程度；知识积累的幅度与深度；文化修养程度和工作生活经验。在这里，受专门教育的程度与后者之间没有必然的因果关系。无论历史上，还是现实中，有许多学历不高的人，却都成就了一番大事业。

我无意排斥接受专门教育的重要性，但除了提高学历之外，自学、接受成人教育、考取和自己爱好与职业相关的知识与技能证书、以及在平时的工作实践中探索与学习，都是一个人成长与进步的有效途径。

俗话说得好，没有金刚钻就别揽瓷器活。手上的技术、脑子里的点子、先人一步的战略眼光、脚踏实地的行动，就是你的金刚钻。只要你不断进取和进步，就不愁前途和发展。

毛泽东年轻时既没有上过黄埔军校、保定军校，更没有去过莫斯科中山大学、东方大学，但是他熟读兵书，又勤于实践、勇于探索，在土地革命战争时期和前四次反围剿的斗争中，以少胜多，以弱胜强，打了许多漂亮仗。表现出一位天才军事指挥家的卓越才能。

还有品德素质，即政治、思想和道德品质。

智能素质，包括知识、智力、技能和才能。

还有心理健康素质和其他个性素质。近年来心理健康问题越来越成为一个普遍存在的社会问题，心理健康素质也越来越成为决定一个人事业成功与否的关键素质之一。

关于这个问题，本书将在第五章《给自己“减压”》中重点探讨，这里不再赘述。

事业必须以岗位作为载体。无论干什么样的事业、干多大的事业，都必须“落脚”在一个岗位上，否则，事业的成功无从谈起。由此，就引申出又一个重要的概念，叫做“岗位胜任素质”，亦称为“胜任特征”或“胜任能力”。

回到一开始的问题，具体而言，什么是胜任素质呢？

它是指能将某一工作中有卓越成就者与表现平平者区分开来的个人的深层次素质。它可以是动机、特质、自我形象、态度或价值观、某领域知识、认知或行为技能——任何可以被可靠测量或计数的，并且能显著区分优秀与一般绩效的个体的素质。

同样的岗位，许多人同时在干，结果却大相径庭。

比如：一个公司的销售部门，有三个负责销售的业务经理，大家销的是同样的产品，承担的是等量的业绩指标。到了年底一算账，有人超额完成任务，并且得到客户的普遍好评；有人勉强完成任务，客户反映一般；有人没有完成任务，还发生多起客户投诉。结果，业绩突出的被提升为部门经理；业绩平常的来年继续努力；没有完成任务的被解除了劳动合同。

原因何在呢？

其中可能有一个重要原因，就是你是否具备了销售人员的胜任素质。比如，与客户良好沟通的素质；通过积极、有效的手段推销产品的素质；向客户清晰介绍产品的使用功能和维护方法的素质；认真倾听并及时反馈客户意见的素质，等等。

不同的岗位，有不同的胜任素质要求：

要胜任研究开发的岗位，就必须具备学习与创新的素质。

要胜任企业管理的岗位，就必须具备组织协调与高效执行的素质。

要胜任CEO的岗位，就必须具备战略思维与卓越领导的素质。

选择自己喜欢的职业和岗位

这里说说如何发现你潜在的职业兴趣。

如果一个人做的是自己喜欢做的事，即使条件恶劣，困难重重，他也会全力以赴地去做；如果一个人做的是不得不做的事，那种勉强在做的状态，就会流露在工作中，以致影响工作绩效，并且很难做得长久。

所以，我建议青年朋友们择业时尽量选择自己喜欢的职业和岗位。只要条件允许，就不要为难自己。

但是，在作择业决策之前，有两个前提条件：

第一，我所谓的“喜欢”，是真喜欢，还是一时兴起?

第二，我所喜欢的，是我擅长的吗?

年轻人由于缺少经验，很容易凭感觉作决定。

一次同学聚会，某同学穿得西服革履，开着“法拉利”前来参加。多日不见，令人惊诧不已！于是，你关切地问：“这几年在哪儿高就呀？”该同学自豪地告诉你：“毅然辞了公职，和几个朋友合伙

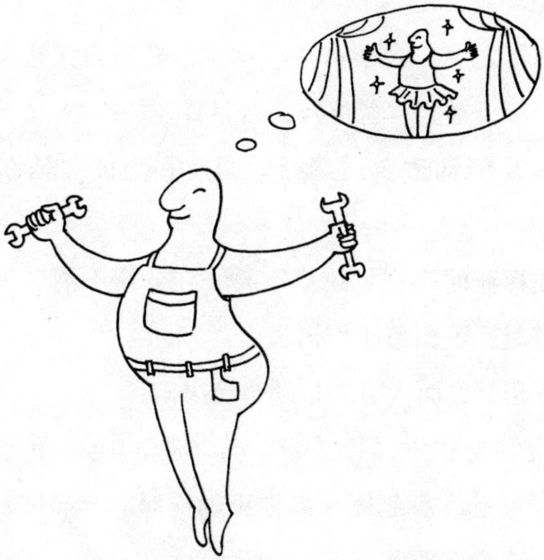

在莫斯科做服装生意。”并且还问你，你是否愿意跟他一起干？

结果，你也没多想——

他说的是真的吗？其中有多少“虚假陈述”？

我对做外贸服装一窍不通，若真的跟他“下了海”，也能像他那样“发迹”吗？

我的职业兴趣果真在此吗？

我的职业能力确保胜任吗？

丢掉现在的工作，值得吗？

在没有认真思考好以上问题之前，你就被这位同学“忽悠”着去了。后果自然是：一败涂地，后悔不迭！

这样的事例，难道在生活中遇到的还少吗？

我的一位忘年之交，大学本科毕业后，五年间竟然换了17个工作单位！其中一定不乏被人“忽悠”，盲目择业的因素。

那么，怎么才能知道自己选择的职业和岗位，是你真正喜欢并且擅长的呢？

我建议，在择业时、在“跳槽”时、在分辨不清展现在你面前的是机遇还是陷阱时，不要急于作出决定。

可以从以下几个方面入手，帮助自己决策：

第一，对应聘单位做详细了解。你掌握的应聘单位的情况越详细、越全面、越准确，就越能帮助你正确抉择。“知彼知己，百战不殆”，说的就是这个道理。

第二，将自己了解到的情况和求职意向告诉亲朋好友、父母家人，多听听他们的意见，不要一味擅自作主。

“自信、自主、自立”——我不仅不反对，而且极其赞同。但是，只有以“慎察、兼听、静思”为前提，你的“三自”精神才能得以“落地生根”！

第三，潜在的职业兴趣，之所以“潜在”，起码说明它不是直观感受，而是需要通过工具来发掘。我建议青年朋友不妨求助于经得起历史的考验，并被学界广泛认同的心理测试工具来检测自己的职业兴趣。比如：在美国约翰·霍普金斯大学心理学教授约翰·霍兰德（JohnHolland）的职业性向理论基础上，逐步发展和完善起来的霍兰德职业倾向测试。

许多人如愿以偿地以自己喜欢的方式生活之前，都经历过并非十分满意的工作。

我的一位年轻的朋友大学读的商科，可她特别喜欢摄影，曾经向多家时尚媒体投过简历应聘专职或兼职摄影师，简历投出去最终都石沉大海。但她并不灰心，在一家经济类媒体做了编辑。她总是很耐心地领悟好的摄影作品，参加了业余摄影小组，经常和一些专业摄影师聊天学习经验。慢慢的，她从为身边的朋友拍摄开始，技能不断提高，自己拍摄的人物、风景、动物照片也逐渐在各种普通媒体上发表，她开设的摄影博客也吸引了数以万计的粉丝。三年后，她被一家非常知名的生活类杂志看中，做了摄影记者，终于能够用自己喜欢的方式挣钱。就像她一样，如果你喜欢做的事暂时不能做，你想去的公司暂时去不了，可以考虑“曲线救国”的方式。先在你力所能及的范围内找到相对最适合你目标的岗位，利用业余时间继续补充自己的爱好、特长，积累经验和业内口碑，待到时机成熟，也许当初没有给你offer的公司就会主动找你，因为经过磨练的你，早已不是当初那个资历不够的你，至于你愿不愿意接橄榄枝，决定权就在你自己手里了。

第二章

你的人生有无限可能：怎样定目标?

张玮说：

人生就像一场马拉松比赛，你为自己设定的最终目标就是这场比赛的终点。大家从同一起跑线上出发，个个精神饱满，斗志昂扬。但跑了一段之后，有人最先达成目标，有人落在后面，还有人中途退场。

胜利者的诀窍在哪里呢?

1．良好的心理素质；

2．良好的身体素质；

3．娴熟的工作技能；

4．根据需要和可能及时调整与分解目标的能力。

别好高骛远：山田本一的取胜之道

在1984年日本东京国际马拉松邀请赛上，一位矮个子日本选手山田本一第一个冲过了终点线，获得了世界冠军。记者问他："您是靠怎样的锻炼才夺得今天胜利的？"他出人意料地说："我凭借智慧获得了第一。"

众所周知，一个马拉松运动员，必须身体素质好，又有耐力，才有可能获胜。如果说用智慧取胜，逻辑上有点不通，那真是闻所未闻。然而，在两年后的意大利国际马拉松邀请赛上，山田本一又代表日本夺得了世界冠军。记者又问他取胜的经验，他依然是那句话："我凭借智慧获得了世界第一。"

大家对他获胜的原因疑惑不解，山田本一是凭借怎样的智慧取胜的呢？

原来是他的训练方法与其他运动员不一样。

其他运动员都是"一口气"从起点跑到终点，然后再和教练一起分析影响速度的原因以及改善的措施。山田本一则是先开着汽车全程"巡视"一遍。然后将40公里的道路分成五段，约8公里一段。每段的终点确定一个建筑物作为标志。第一阶段的训练，是从第一段的起点跑到第一段的终点；第二阶段的训练是将第一段的终点作为起点，再跑到第二段的终点；依此类推。

由于别人每天的目标都是40公里全程，而他每天的目标只有8公里。所以他比别人压力小，速度快。等到最后一周"冲刺"训练时，奇迹出现了！山田本一将五段连起来，依然抱着一段又一段冲刺的心态，几乎用"分段跑"的速度跑完了全程，将其他运动员远远地甩在了后边！

这个故事给了我们什么启示呢？

人生就像一场马拉松比赛，你为自己设定的最终目标就是这场比赛的终点。大家从同一起跑线上出发，个个精神饱满，斗志昂扬。但跑了一段之后，有人最先达成目标，有人落在后面，还有人中途退场。如果你能够把长期目标或者说终极目标分解成一个个容易达到的小目标去实现，成功就变得不那么遥远。每当你完成一个小目标，所带来的成就感会加倍帮助你去向下一个目标冲刺，直到终点。

胜利者的诀窍在哪里呢?

1. 良好的心理素质；
2. 良好的身体素质；
3. 娴熟的工作技能；
4. 根据需要和可能及时调整与分解目标的能力。

先得解决“双入”问题

入职后的第一步，要解决“双入”问题。

什么叫“双入”呢？

就是：尽快融入企业氛围；尽快进入职业化状态。

曾有《中国青年报》的记者采访我，说：“人民大学的金正坤老师曾说，‘如果用两个字来归纳礼仪是什么，我说礼仪是规则。’您能否也用两个字归纳一下，什么是职业化？”我想了想，回答他：“职业化是状态。”

我们来给职业化一个定义：

职业化是一种状态，它是指从事某一职业的人，将这一职业需要的素质，通过自己的言谈举止、行为表现、接人待物等各各方面表现在自己的职业活动中。这种具备了职业化素质的人，被称为职业人。

职业人的显著特征是举止优雅、穿着得体，行为规范，注重自己的一言一行、一举一动是否符合自己所担当的职业角色和自己所处的职场环境的要求。职业人注重自己对雇主的承诺，注重任务目标的达成。

一句话：职业人就是能把事干对干好的人。

本来就该这样——赖总的职业观

我曾与北京一家零售医药连锁企业签约一年，每个月给这家企业作一天培训，共计10天。这家企业的营销总监——赖先生，一位40多岁的男士。曾在台北市沃尔玛超市任门店经理。每到上培训课时，赖先生总是提前10分钟到场，并且穿得西服革履。上课时，他在指定座位上从始至终正襟危坐，认真听讲。

记得7月的一天，天气十分炎热。课讲到下午3点，突然教室里的空调出了故障。不一会儿，室内的温度就飙升到32℃。听课的人开始坐不住了，有的拿起讲义当扇子；有的干脆脱了外衣，只穿一件背心；更有甚者，连背心都“卷”到胸前，把肚皮露出来纳凉。

作为讲师的我，也早已汗流浃背。但是我想：只要受训单位不提出来，我就坚持把课讲完。这时，我注意到教室里唯一一位和我同样穿着的人——赖先生。他衬衣湿透，脸上的汗水滴在眼镜上，挡住了他看我演讲时的视线。他除了不时地用面巾纸擦一擦眼镜之外，再没有任何“降温纳凉”的动作，而是依然专注地听讲。

本来，这一天我讲的就是《职业化塑造》的课。这不正是一次职业化塑造的好机会吗？于是，我突然停下课程，大声说：“请同志们全体起立！”大家听到我的口令，都站了起来。

我接着“命令”道：“请大家从第一排开始，依次从赖总面前走过。当走到赖总面前时，只需侧脸看他一眼，然后回到自己的座位上。”

大家按我的要求去做，但都有些莫名其妙。

当每个人走过赖总的身边，看到汗流满面却依然正襟危坐的赖总，不禁肃然起敬。

大家默默地回到自己的座位上。没有了烦躁，没有了降温纳凉的各种举动。

教室里静了下来，除了我讲课的声音。

虽然空调还没有开启，似乎屋里已凉了许多。

我认真地问赖总："难道你不热吗？"

他说："热"。

"那为什么还这么专注地听讲？"

他平静地说："本来就该这样。"

赖总的行为体现了一个职业经理人的素质；赖总在听课时表现的状态是一种职业化的状态。这种状态不是刻意做出来的，而是源于"本来就该这样"的心理认知。

当你每天走上职场，进入到自己工作岗位的时候，你知道自己应有什么样的状态吗？你进入到应有的状态中了吗？

我曾经工作过的一个单位，有员工反映：每到上午10点左右、下午4点左右，上网收发内存大一点的邮件速度就很慢，不知什么原因。

我把网管员找来，网管员告诉我：可能是这两个时间段下载电影或玩网络游戏的人比较多。我开始半信半疑，“暗访”之后，发现果真如此。

我曾在某研究所工作，每天上午10点、下午3点半是工间操时间，有些员工下楼做完操，溜出所门，回到家把饭做好，再回到实验室继续工作到下班。日复一日，以这样的状态工作，怎么可能做出成绩？还不是当一天和尚撞一天钟，到头来，一事无成。

职业化应当是一种什么样的状态呢？

我总结了四句话，即：高尚的职业情操，良好的职业素养，娴熟的职业技能，完美的职业形象。

一个平凡人的平凡故事

李素丽是全国劳动模范，北京公交总公司的售票员。2002年，我曾邀请她给我所在的企业做过一次培训，题目是《爱岗敬业，无私奉献》。培训前，我有点担心：一个公交车售票员给高新技术企业的中高层骨干讲这样一个“平淡无奇”的主题，万一讲到一半，听的人不感兴趣，纷纷离场怎么办？

为了确保培训成功，我专程去了趟北京公交总公司，打听李素丽在每周的哪个时段跑哪条线路。打听清楚之后，我在某一天的上午10点，赶到离家较近的公交车站，上了李素丽值班的那趟车。

车上熙熙攘攘，挤满了乘客。未见其人，先听到一个清脆甜美的声音在车厢里回荡：

“乘客朋友们，下一站是儿童医院站。几位抱着孩子的女士，是要带着您的小宝宝去儿童医院看病吗？冬天的北京寒冷干燥，得呼吸道疾病的孩子很多。您要带孩子去看呼吸科吗？现在已10点多了，儿童医院呼吸科的专家号可能早已挂满。不过，您不要为此而焦急。就在儿童医院斜对面，有个儿童医学研究所，那里有两位呼吸科专家今天上午出门诊。您现在去，还能够挂到10至15号。”

几乎沿途的重要医院、商场、景点，她都是这样报站的。她不仅仅是一名优秀的售票员，还是一名出色的导医、导购、导游。

车厢虽挤，却不嘈杂；乘客们虽不相识，却都沉浸在被李素丽营造的温馨氛围之中。

看得出来，当每站到达，该下车的乘客都惜惜不舍地离去。

我从拥挤空间的缝隙里看到了李素丽那洋溢着热情与活力的面容。

她富有感染力的状态，一下子让我放了心，增添了百倍的信心，同时又对她心生敬意。我想，她怎么能像演员一样，把自己的职业角色扮演得如此精彩？

后来，我在李素丽给我们企业的培训中找到了答案：

李素丽每天下班后，背上小书包，包里装着一支笔、一个笔记本、一个手电筒，骑上自行车，走访她服务的这条线路沿途的医院、商场和重要景点。

比如，到了医院，来到专家出诊牌前，把哪位专家哪个时间段看什么病、挂多少个号，都详细地记在本子上。周末休息时，再到医院询问病人、护士和医院的工作人员，大约到几点钟哪个专家的号就挂不到了、什么季节、什么时间看什么科的病人最多。

将这些情况了解清楚后，她就把它们编成演讲辞，先都背下来。再对着家里的一面大镜子练习演讲，直到自己满意为止。上班时，将自己精心准备好的演讲辞在自己售票的公交车上说给乘客听。

她就这样日复一日地坚持了9年！

她这么做不是领导要求的。所以，9年来也没有因为她这么做了，就因此而多得过一分钱奖金。

当然，她的努力不仅给乘客带来了便利与幸福，自己也最终得到了足够好的回报。

职业生涯真的不是规划出来的

职业生涯是指个人的职业生活的发展和变化历程。

而职业生涯规划是指个人从自己的职业兴趣、职业预期和可供职业发展的客观条件出发来谋划自己的职业发展。

目前，职业生涯规划已经成为人力资源管理学科中不可或缺的重要组成部分。但我却不大赞同这个提法，理由有三：

第一，职业生涯规划，强调个人是“规划”的主体，组织的作用是指导、帮助个人实现规划。我认为，这一诉求过于理想化，在现实中很难做到。

实践中，组织在安排个人的工作、考虑个人的发展时首先是从组织经营需求出发，还是首先从员工的职业需求出发呢？答案当然是前者。那么，现实情况是——组织在满足组织经营与发展需求的前提下适当兼顾员工个人的职业需求与职业发展。

据此，如果不改变提出理论的角度，个人以自己是“规划”主体，而组织是帮助自己实现“规划”的载体的心理认知进入到组织中，到后来十有八九都会乘兴而入，扫兴而出。

第二，在大多数人的职业实践中，职业生涯是规划出来的吗？

我想，回答是否定的。

我从1970年6月参加工作，到2010年末，职业生涯“走了”40多年。16岁时，被“文革”的浪潮卷进了工厂。当时，为自己能成为工人阶级的一员感到很自豪。

谁知，时过境迁。10年后，要想继续“自豪”，就得上大学。

也许有的青年朋友们会说：“您别再翻老皇历，如今的我们，理性得很。可不像您年轻的时候，理想跟着潮流走。”

既然本书的主题是为职场新人解八惑，什么叫“解惑”？我认为“解惑”有两个前提，一是诚心诚意地用“心”和你交流，二是把你不明白的给你讲明白。

那我就以一个忘年之交的朋友身份跟你们说一说心里话。

江苏台的《非诚勿扰》我几乎每期都看。我从一个人力资源学者的角度出发，更加关注的不是台上台下那些俊男靓女的择偶观，而是他们的择业观。台上女孩问台下男孩："你一个月能挣20万吗？你要能挣20万，我就跟你走。"台下男孩张嘴就来："我要自己当老板。我的职业规划是两年以后有属于自己的企业，5年以后开10家连锁超市。"

多么无知而苍白的对话！

一个是——这么不靠谱的问题也敢问，而且是当着全国观众的面问；

一个是——这么不靠谱的"规划"也敢侃，而且是当着全国观众的面侃！

这哪是为自己"量身定制"的职业生涯规划？这纯粹是被社会上那些挥金如土的暴发户给"忽悠"晕了，再以这些暴发户为"职业榜样"，来"忽悠"比自己更无知的人！

令人匪夷所思的是，我们收视率这样高的官方媒体竟然乐滋滋地给这些人堂而皇之地在上面"神侃"提供舞台！

就这么浮躁的社会氛围，年轻人规划职业生涯的心态能理性得了才怪！后来我才知道，这样的节目也是要有剧本的，有奇葩，才有看头。你可千万别学这些反面例子。

第三，就业环境、职业发展环境的多变，增加了职业生涯规划的不确定性。

我所在的企业2003年招了北科大材料专业的一批硕士，充实到公司的研发部门。其中一名女生在完成研发任务的同时，还经常主动地组织研发部的年轻人开展许多有益的文体活动，活跃大家的生活。当这些年轻人遇到困难，心境不佳时，她就主动与他们交流，帮他们排忧解难，表现出较明显的社会型特征。

2005年初，总公司需要一名从事人力资源工作的管理干部，我在征得这名女生本人同意之后，就将她调到总公司人力资源部。

调到总公司后，5年过去了，她也已过了而立之年。经过组织的培养和自己的努力，现在已成长为人力资源部副总经理、并且相继通过了人力资源管理师和高级人力资源管理师的执业资格考试。

我举这个例子的目的，不是为了说明当管理干部比从事专业技术工作好。而是为了说明：一个人职业生涯如何规划，不是他一个人就能把握得了的。

假设不是恰巧在2005年初总公司人力资源部需要增加人员；假设虽需要增员，但我并未了解到研发部门恰巧有这么一名既有材料学的专业背景，又具有从事人力资源工作的胜任素质的干部可以调任，那她的职业生涯可能完全走的是另一条路。

鉴于上述三个理由，我认为“职业生涯管理”的概念可能更为贴切。

职业生涯管理更加强调应当由组织与个人共同来规划和管理个人的职业生涯。在规划时既要考虑个人的职业性向，又要考虑组织发展对于人才成长取向的需求；既要考虑个人职业生涯发展的期望，又要考虑组织是否有能力、有必要为个人的这种期望提供平台。

只有既满足个人需求，又满足组织或社会需求的规划才能得以实现。

只有将个人规划纳入到组织规划之中，个人规划的实现才最有保障。

鲁滨逊、基督山伯爵、陈景润的成功，不足以成为当今青年规划职业生涯的典范。这几位“独行侠”都是特定历史条件下的产物，他们身上的精神，贵在不屈不挠，贵在保留着对生活和未来的渴望，而非“独自”。当今社会，你中有我，我中有你，哪个想成就自己的人不得先成就别人，否则，谁肯帮你？没有别人的鼎力帮助，你的成功又从何谈起？

既然我们职业生涯规划的实现，有赖于社会、有赖于组织、有赖于他人，那么，我们在规划时，就必须将社会的需求、组织的需求、他人的需求都加以考虑。当社会、组织、他人的需求发生变化时，我们还得相应改变自己的规划。

比如，报考大学之前，金融业“火”得不得了。于是，就上了名牌大学的金融专业，并规划好阶段性目标是毕业后进入一家国际著名金融机构历练，终极目标是20年后成为中国金融界大亨。可是，天有不测风云，7月份大学毕业，10月底金融风暴骤起。已决定录取你的那家国际著名金融机构打来电话：“实在对不起！我们已经破产，取消对你的录取。”放下电话，“呆”在那里，想起了老北京的几句俏皮话：“规划赶不上变化，变化赶不上电话。”

到了这一步，您就不得不对自己原有的职业生涯规划作出调整。

所以，当我们的心理认同调整到职业生涯管理的状态，那么，我们规划自己的职业生涯时，对于环境变化、组织需求、他人合作意愿的契合性、主动性、客观性、实效性就都要强得多，我们为自己规划出来的职业生涯目标也相对更加容易实现。

职业生涯发展的四个阶段

第一阶段	第二阶段	第三阶段	第四阶段
个人像学徒一样接受专业人员的指导而工作，作为一个或多个师傅的帮手而学习。	个人逐渐积累经验和能力，能单独工作。	个人除了独立工作外，还充当他人的师傅，指导他人工作。	个人能为组织提供未来应遵循和发展的方向，并行使各种权力，发挥影响力量。

上面这张表是费尔通的职业生涯四阶段论的简单描述。

第一阶段，大约就是我们现在劳动合同中所说的试用期阶段。根据劳动合同双方当事人首次约定的劳动合同期限，试用期可分为一个月、两个月、三个月或六个月，但最多不得超过六个月。

不管你是什么学历，在试用期内的角色就是“学徒”或“帮手”。因为这段时间的主要任务是熟悉和学习。

熟悉环境、熟悉团队、熟悉自己的岗位职责。

学习操作技能，学习企业的规章制度，学习在新环境中如何有效地与上司、同事、客户沟通。

在这个阶段，关键是要解决一个“水土不服”的问题。对于初涉职场的大学毕业生尤为重要。在学校你只接触两类人：老师和同学。他们和你基本上没有利害关系；你只需完成一个任务：学习。学习成绩的好坏，对团队中的其他人从本质上不会产生影响。

进入工作岗位后，情境发生了根本变化。你的言谈举止，都有规范要求；你的工作绩效，都有量化评价；你的为人处世，都受到团队其他成员关注。

为什么呢？

其根本原因——你的行为以及产生的结果会直接影响到其他人的利益。

比如：你进入到某企业销售部门工作。企业要求该部门必须完成年销售收入1亿元。在该部门的5名销售员中，你被分配完成2000万元。到了年末，由于你没能完成任务指标，影响到团队的整体绩效。不仅你的业绩奖励“泡了汤”，而且部门里从部长到每个员工都被连累：绩效奖金减少、评选优秀告吹，甚至一些骨干员工的晋升都因此受到影响。大家能不埋怨你吗？

这就是当一个新人进入到企业，大家都在关注他的一举一动的根本原因。他的“加盟”会给我们带来什么？福兮？祸兮？

那么，你就必须用自己的行动告诉大家：请你们放心，我会为大家创造价值，我会成为你们当中优秀的一员。

说起来容易，做起来难。你在进入新团队后首先要认真观察这个团队的风格、习惯、表达方式，甚至人与人之间的关系，然后虚心地向他们学习，不断地调整与改变自己，以适应他们对你的要求。当他们从心里接纳你了，你职业生涯第一阶段的目标才在真正意义上得以实现。

第二阶段，即成长阶段。这个阶段最容易“栽”在两个“感受”上。

一个感受是：刚来企业时，听到的、看到的、亲身感受到的都那么美好、那么阳光、那么令人振奋！半年过去，环境熟悉了，听到、看到、感受到的跟半年前却大相径庭！

刚来时，只听到这个企业不仅在业内，乃至全球都颇有名气。半年之后才逐渐发现盛名之下其实难副，竟然问题也有许多！

刚来时，只看到宽敞明亮，秩序井然，一派极富现代气息的国际化大企业景象。半年之后才逐渐发现在华丽外表的“包裹”下，其实内部经营、管理问题也多得不胜枚举！

刚来时，只感受到上司那么和蔼，像慈父；同事那么热情，像兄长；团队那么和谐，像家庭。能生活在这样的氛围中真是荣幸之至！半年之后才逐渐发现，原来上司骂人那么凶；老同事不高兴，竟然“找茬儿”拿我们新员工“撒气”；貌似和谐的团队，其实整天互相勾心斗角！

为什么仅仅半年时间，这个单位就发生了如此巨大的变化？真让人百思不得其解！

我纠结！我困惑！我苦闷！我悔当初不该盲目应聘。

于是，不少青年朋友从满怀激情变为心灰意冷，从自负变为自卑。好一点的热情锐减，差一点的干脆辞职走人。

我真心地奉劝青年朋友们：在没有理性地认知清楚情境之前，不要妄下结论，急着跳槽。

因为你今天的纠结与困惑，可能不是因为你当初盲目应聘，而是因为你年轻。

其实“山还是那座山，河还是那条河”。只不过刚入职时，你站在远处以一个外来人的视角用欣赏的眼光看，看到的自然是“山也美呀，水也美”。当走进大山住了下来，你才发现山里到处是狼虫虎豹，荆棘丛生！

我衷心地劝慰青年朋友们一定不要因此而气馁。几乎世界上所有的名川大山都是远眺时赏心悦目，走进去路途艰险。你就是一生里换上10个、20个单位，深入进去、沉淀下来之后，都会发现，不管哪个单位都是问题多多，只不过是表现形式不同罢了。哪有你理想中的世外桃源！

第三阶段，发展与成熟阶段。这一阶段的特点是不仅自己能独立地承担工作，而且能够指导他人。社会型特征与企业型特征明显的人还能够带领团队，成为组织中的高、中级领导者。处于这个阶段的人，经过了至少8至10年的职场历练，积累了较丰富的管理或从事本专业工作的经验。

这个阶段的年龄大约在35岁至50岁之间。

其中大多数人若从事行政管理工作，可以做到处级或部门经理；若从事专业技术工作，可以做到“副高职”，如高级工程师、副研究员、副教授等。

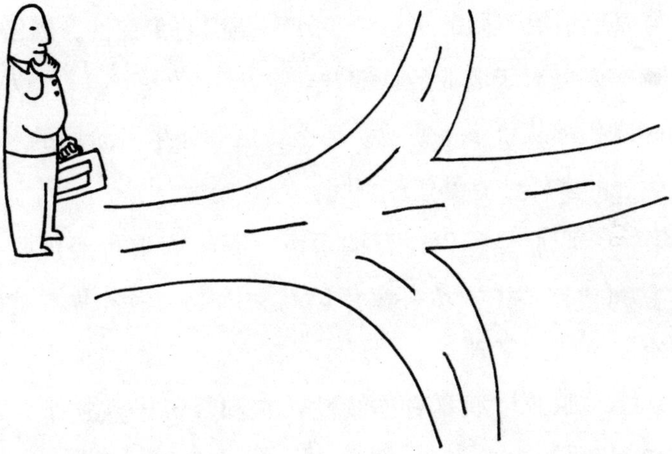

当然，有些人由于常规型特征明显或本身职业目标预期不高，到职业生涯末期没有做到上述职位，我们不能据此认为人家就不成功。因为成功并非要用一个量化的职务等级来定义。一个人只要实现了自己既定的职业目标，对于他来说就是成功。

这个阶段的一个显著特点，就是到了该阶段的末期，呈现出向三个方向的“分流”趋势：

约60%的人达到了自己职业生涯的“顶峰”，他们会在法定退休年龄从自己职业目标所预期的职位上“退”下来。

约30%的人因疾病、死亡、家庭变故、个人能力、知识或技能老化、外部环境变化等诸多主、客观原因达不到自己职业目标的预期，提早结束了自己的职业生涯。当然，这部分人中（除死亡者外）的大多数，不会甘于“颐养天年”，他们还会从事其他工作。但是，这不是严格意义上的职业生涯的延续。

与以上情况不同的是：由于社会环境的多变性，经济活动的多样性，现在人们对于职业的认知并非“从一而终”。一个人在一生中可以同时或相继从事多个职业。那么，后职业生涯阶段的“打零工”和职业生涯的多样性有哪些区别呢？

第一，职业是赖以生存的手段，是个人取得经济收入的主要来源。它和“打零工”填补家用以及利用业余时间靠其他技能挣点零花钱有着本质的区别。

第二，职业生涯具有连续性，它和今天干点这个，明天干点那个截然不同。

第三，职业生涯具有阶段性，而且每个阶段之间的关系是递进的。比如：你在刚入职时是某企业的人力资源部招聘专员，你的生涯规划是努力3至5年，能做到人力资源部的副经理。而“打零工”和业余兼职不具备这个特征。

第四，职业生涯具有自始至终的完整性。因为，职业生涯是一个过程，过程就要有头有尾。而“打零工”和业余兼职可以“有今儿没明儿”，从客观上不需要持之以恒。

还有约10%的人的职业生涯能够进一步发展到第四阶段，能够发展到这一阶段的人数不多，但他们是各行各业的精英。

他们有以下共同特征：

他们坚韧不拔，具有很强的意志力和抗风险、抗挫折能力。

他们在自己所关注或所从事的领域内具有独到的见解，而这些见解是顺应历史潮流和科学发展趋势的，是经得起历史考验的。

他们具有很强的创新性和预见性，他们在特定阶段、特定范围内，能够引领某个方面、某个专业的最高水平。

他们对于社会的贡献大于对自己所供职的组织的贡献。

他们是一批不急功近利的人。

他们是一批孜孜不倦的人。

比尔·盖茨就是第四阶段的人之一。他的收入恐怕足够他生活好几百年的，但他为什么还要工作呢？因为工作里有他的爱好，工作是他和世界沟通的一个载体，他从工作中获得成就感和充实感，他也通过工作来回报社会。对他而言，工作的目的早已经不是养家糊口。

职业生涯是一个漫长的过程，职业目标不可能一蹴而就。

但是，只有知道了前面的路是怎样的，你才好把握眼前的路该怎么走。既然这条路我已经艰难地走过来了，我就有责任把它告诉给你们，让你们少一点曲折，少一点迷茫，让你们走得更顺畅。

这第一步该怎么走

人的一生会有许多次选择，处在不同时代、不同条件、不同境遇下的人们会选择不同的人生道路。但是，无论是谁、无论相互之间差异有多大，谁都得迈出这第一步。

万事开头难，我们还是回到职业生涯初期，来说说这第一步该怎么走。下面是我多年职场体验的总结，虽然只有寥寥几句，但只要你用心体会，相信你一定会有所收获。

学校学的是知识，
职场练的是本事，
要想成为职业人，
得将知识变本事！

先融入，后给与，
多观察，勤学习，
多付出，少索取，

集体活动多参与。

职业生涯路漫漫，
空杯心态是关键，
千里之行足下始，
鸿鹄之志定实现！

第三章

很少有人能独自成功：怎样成为受欢迎的团队成员？

张玮说：

青年朋友们从角色单一的学习团队来到角色多样复杂的工作团队。给自己将要担当的职业角色准确定位，就成了做好工作，达成目标的重要前提。

学校和职场不一样

在学校里，你是学习团队的一员，你的目标是完成学业。参加工作之后，你成为工作团队的一员，你的目标是在完成工作任务的同时，逐步地实现自己的职业理想。

要想达成目标，首先要被团队认同与接纳；要想扮演好自己的职业角色，首先要清晰认知自己所处的职业环境。

只有清晰认知情境的变化，才能顺利地实现从校园人到职业人的角色转变。

学习团队与工作团队有8点不同：

不同	学习团队	工作团队
目标不同	个人成绩	个人业绩与团队业绩。
运行方式不同	每个团队成员各学各的，独自运行，互不干扰。	整个团队系统运行，团队成员各有分工，相互协作。
成员间利益关系不同	个人成绩的好坏，对团队整体利益影响不大。不会因为有几个学生的成绩不好，这个班级就生存不下去了。	团队成员间利益攸关，团队成员的绩效不好，会直接影响团队业绩的实现。

续表

不同	学习团队	工作团队
对价值取向的要求不同	学习团队的任务是培养适应社会多样化需求的各类人才，所以提倡团队成员个性化价值取向的建立与展现。	工作团队是以完成某种特定社会责任或企业目标而存在的利益群体，所以它极其强调个人的价值取向必须与团队的主流价值取向相吻合。
对团队成员考核的内容与考核的标准不同	考核内容主要是学习成绩，考核标准主要是是否及格。（及格是最低标准，达到这一标准就准予毕业。）	考核内容主要是工作业绩，考核标准主要是是否符合岗位职责的胜任特征需求，即是否卓越。（卓越是最高标准，达到这一标准的团队成员才有可能在团队中实现自己的发展目标。）
激励的手段与作用不同	激励手段主要是评选优秀学生、发奖学金等，作用是鼓励与帮助学生更好地完成学业。	激励的手段有评选先进、发奖金、物质奖励、职务晋升等，其作用不仅鼓励团队成员更加努力地工作，还能提高他们的生活质量，帮助他们实现职业理想。
个人对组织及团队其他成员的影响程度不同	个人学习成绩不好，对班级、对其他同学不会产生太大影响	个人业绩不好，会直接影响到团队绩效。因整个团队得到的奖励标准降低，而拖累到其他团队成员。
组织与个人之间的关系不同	学习团队的主要任务是团队帮助个人实现目标	工作团队的主要任务是在大家共同努力实现团队目标的前提下，团队成员借助团队的力量或在团队的帮助下实现个人目标。

找到底适合做什么

有个段子是这么讲的：

某公司招聘，好多人打来电话说："保安不让进，派人接一下好吗？"

考官说："如果你连保安都对付不了，还是别来了。"

最后，翻墙进来的成了海外市场专员；讲理进来的成了研发工程师；软磨硬泡进来的成了客服经理；假冒工牌的做了产品经理；撒泼打滚的后来都提拔成了主管；硬打进来的，顶替了保安。

段子好笑，但它的调侃却在点上。面对同一件事，不同的应对方法反映了不同的人做事的思路，也反映了不同的人所具备的个性特点和长处。每个人擅长做什么，适合做什么，决定了他将在职场中扮演怎样的角色。

由于组织目标的达成是一个复杂的系统工程，需要许多负有不同职责的人协同作业，所以工作团队中的角色很多，角色分类的方法也不尽相同。而学习团队中的绝大多数人只有一种角色，就是学习者。

青年朋友们从角色单一的学习团队来到角色多样复杂的工作团队。给自己将要担当的职业角色准确定位，就成了做好工作，达成目标的重要前提。

职业角色是指社会和职业规范对从事相应职业活动的人所形成的一种期望行为模式。职业角色作为社会角色的一种类型，除具有社会角色的一般特征外，还具有专门性、盈利性、相对稳定性、合法性和社会性等特征。

对于职业角色的分类，其实早在两千多年前，我国道家学派的创始人老子就曾有过精辟的论述，他说：“贤者居上，能者居中，巧者居下，智者居侧。”你是个有德行、有才能的人，就适合做团队领袖；你能独当一面，是个专才将才，就能够成为团队的中坚骨干；你勤于动手，并且擅长某种技艺，就会成为团队中优秀的基层员工；你思维敏捷，睿智聪慧，就适合充当团队中的“军师”。

用老子的话来对应现代团队角色分类理论，“贤者”可对应领导者、凝聚者；“能者”可对应推进者、创新者；“巧者”（又一说“工者”）可对应实干者、完美者；“智者”可对应协调者、技术专家等。

给自己在团队中的角色定位时，要遵从“量体裁衣”的原则，不能凭想当然。

例如：你具有明显的粘液质的气质类型，内向型与组织型的性格特征，常规型的职业性向，顺从、求助、谦卑的个人内在需求偏好，你就不适合成为团队中的领导者。而比较适合在稳定环境中从事目标明确、简洁规范的工作。

角色定位时还要遵从“扬长避短”的原则，如果还有选择的自主性，就尽量选择自己喜爱并擅长的岗位。否则，既耽误工作，又耽误自己。上世纪80年代改革开放之初，不少研究所的科研人员带着研发成果下海办公司，当然不乏成功者，但也不可否认，由于不会“游泳”，下海后没扑腾几下就被淹没在商海中的大有人在！原因就在于，认为自己既然能搞出这么尖端的科研成果，也一定能将成果批量生产出来卖出去。其实孰不知，搞科研与办企业虽然在产品的延续性上有联系，但从体制、机制、产业环境、运行方式、市场需求等诸多方面都是风马牛不相及的两件事！在研发团队中可以是一名优秀的技术专家，但并不说明到了企业团队中，你就一定能够成为一名合格的企业家或职业经理人。因为这两个角色对于任职者的素质与能力的要求完全不一样！

怎么才能让大家喜欢我

要被团队所接纳，成为受欢迎的人，需要做到以下几点：

每个人都是VIP：记住别人的名字

记住别人的名字，这是对别人的起码尊重，别人会认为你重视他。

我们知道，几乎每个学生，都能记住自己中学，甚至小学班主任的名字；但是，却难有几位班主任能记住自己一生教过的所有学生。原因很简单，对学生来说，在一段学习期间，班主任只有一位；但对班主任来说，这一辈子教过的学生却有成百上千。

北京某中学有个宏志班，班主任是位女教师。当电视台的记者采访她时，她已经50多岁了。从初一到初三，20多年里，她带过的学生有好几百名。

然而，这位老师不仅能记住她教过的所有学生，而且新接一个班，第一次和新生见面，就能够准确地叫出每位新生的名字来。

记者问她："记性怎么这么好？"

她说："不是记性好，而是认真记。每接一个新班，新生都是9月初报到。而我在7月份放暑假前，就拿到了孩子们带有照片的简历。我就利用假期反复阅读每一份简历，对着照片记名字，对着名字记照片，直到一看照片就能叫出这个学生的名字为止。"

由于她的用功，新生报到时就出现了这样的情景：每当一个新生走进教室，从未谋面的班主任立刻迎上去，亲切地喊出这个学生的名字，令孩子们惊诧不已。

"那您为什么要下这样的功夫呢？"记者不解地问。

这位班主任动情地说："宏志班的孩子都是从贫苦的地方考出来的，在地方政府的资助下，他们才有了到北京学习深造的机会，他们的父母、当地的政府和乡亲，把他们交到我的手里，就是希望我把他们带好，让他们成才。他们远离家乡，来到我的班上，在未来的三年里，我就是他们的母亲，哪有一个母亲叫不上自己孩子的名字的？"

功夫巨星李连杰说："我花了超过20年的时间，才体会到最厉害的武器是微笑，最强大的力量是爱，我要凝聚这种力量，传递给更多有需要的人。"这位班主任也许并不知道李连杰说过的这句话，但她的行为，恰恰是她爱心的外显，很生动地诠释了这句话。同样的道理，对于一起工作的伙伴们而言，多一些体谅，多一些温暖，做事会更有默契，协作也会更加顺畅成功。

与团队成员和睦相处

在团队中不要有亲有疏、厚此薄彼，要和所有成员和睦相处。因为一旦你和某人或某几个人称兄道弟，关系密切，其他成员就会主动和你们疏远，因为他们会认为你们几个人是彼此无话不谈，利益攸关的小团体。这种局面一旦形成，你就将被大团队所孤立。而小团体又往往和八卦与猫腻扯上关系，

当你和小团体成员凑在一起的时候，你的形象也就已经被拉低了，你和你的小团体在大家的心目中就被贴上了“另类”的标签。

说话得算数

做个信守承诺的人，说话算数，一诺千金，一言九鼎，要让人觉得：跟你交往，靠谱！

有的人随意许诺，经常食言。渐渐地就丧失了别人对他的信任。我们一些当领导的，在下属面前就经常犯这个毛病。看到下属工作干得不错，自己今天心情又格外的好，就拍着下属的肩头乐呵呵地说："小伙子，好好干，年底给你长工资！”结果到了年底，根本没有这回事。你是顺嘴一说，但下属决不会只是顺耳一听！到了年底，兑现不了，下属怎么看你？以后谁还会拿你的话当真？

如果是家长对孩子随意许诺，后果会更严重。看到孩子学习成绩不错，“今年放暑假想去哪儿？妈妈带你出去放松放松。”既然你认真问，孩子就认真想。想好了，认真地告诉你：“我想去香港迪斯尼。”“没问题！”你答应得挺痛快。暑期到了，你却告诉孩子：“妈妈这两个月老出差，实在太累了，再说香港的夏天又太热，咱们改去北戴河行不行？”孩子听了很失落，表现出不高兴来，结果还被你数落了一通，什么“光想着自己，一点都不知道心疼大人”的话。

那么，刚才这段情节，到底错在谁呢？当然错在家长。孩子那幼小的心灵，不是用理性的思维来理解和判断这个世界，而是用具体的事实来感知这个世界的。当你告诉他，要带他去香港迪斯尼之后，他是日日想、天天盼，时刻憧憬着那美妙的一天。但当你又告诉他改去北戴河了，他的心几乎马上从天上掉到了谷底！他有一种被欺骗了的感觉，以后他就有可能不再信任你了，更有可能为他从此学会欺骗而找到了合理的借口！

《水浒传》里的宋江，外表看起来并不是个狠角色，用现在的话来讲，反而有点“娘”。但就是这么个柔弱的人，一呼百应，走到哪里都被江湖兄弟尊为大哥，这和他的外号“及时雨”不无关系，因为他重义气，视兄弟如生命，为人可靠，他的名字就是广告，就是契约，有这样人人信任的口碑，才能够使他成为“大哥”。在职场上，你不必追求成为一哥一姐，但一定要做个守信的人。这是你做人做事的基石。

海尔电冰箱昆明售后服务站站长秦冠胜，答应7月13日到昭通市刘先生家修理电冰箱。12日下午出发，走到晚上9点多突然下起了瓢泼大雨，造成山体滑坡，泥石流堵住了唯一一条通向昭通市的山路。秦冠胜为了不食言，把吉普车寄存在山里的老乡家，愣是打着手电走了27公里山路，在第二天凌晨4点到了刘先生家。到刘先生家后，想着这么早，人家还没起床，就又在门外等到早上7点。见到刘先生,把情况一说，刘先生先是一愣，说："您怎么这么实心眼儿？"秦冠胜认真地说："只要是我答应您的事，就得按时给您办好。再说，这电冰箱不比别的，夏天坏了，必须及时修。稍一耽误，冰箱里的东西就都得扔。"

刘先生听了，感动得直掉眼泪，握着秦冠胜的手说：老秦啊，海尔的产品好，是因为做产品的人好！

所以，无论对任何人，要么不许诺；一旦许诺，就一定兑现。"君子一言，驷马难追"说的就是这个道理。

分担痛苦，分享快乐

人们喜欢和热情、亲和的人打交道；不喜欢和孤僻、冷漠的人相处。

当有人主动向你诉说了他的哪怕极其微小的不幸，你立即表示关切了吗？当有人主动向你展示他的才华、优点和成绩时，你立即表示赞许吗？你同他分享快乐了吗？

在团队中，你可以重视其中一部分人，但不可以忽视任何一个人。道理就在于：团队的战斗力，取决于她的凝聚力，而凝聚力的基础，就是团队成员互相间的关心、关爱、关照。

如果别人向你诉说了他的不幸或烦恼，你表现出的不是关切，而是冷漠，甚至幸灾乐祸；如果别人向你展示了他的成绩，你表现出的不是赞许而是妒忌，试想他会信任你喜欢你吗？会愿意和你合作吗？如果周围都是这样的人，这样的团队还能有战斗力吗？

关切别人的不幸，相对比较容易；而分享别人的快乐就不那么容易了！

2005年，电视台约我拍一个片子，当时需要4位专家评委，只确定了两位，剧组委托我再找两位，我就找到了某研究所的一位处长和某大学的一位系主任。当他们得知这个消息后，都很高兴，认为这是一个难得的展示自己的好机会，当即答应了我。但是，没过几天，两位专家都反悔了。我后来在私下问他们：原因何在？其中一位说，回去跟领导说了,领导说：“上电视台有什么意思，曾经也有人介绍我上电视台，我当即就回绝了。”另一位根本就没敢在单位提这件事，回家跟夫人商量，夫人说了一句话，“电视里面一冒头，你这处长也就算当到头了！”于是，听了夫人的忠告，这位老兄也就缩了回去。原来这两位老兄都有一个小心眼的上司，不容许下属表现得比他更优秀。

这件事告诉我们一个什么道理呢？

赞美别人的才华、优点、成绩，分享别人的快乐，需要勇气，需要博大的胸怀，更需要良好的社会风尚和人文环境！

分担别人的痛苦吧，当你痛苦的时候，就会有人来与你分担；

赞许别人的成绩吧，当你需要成绩的时候，就会有人来帮你创造！

做个“简单”的人，让别人感觉跟你相处他不累

我在职场上干了42年，跟多少人打过交道，记不清了。但是最怕跟哪些人打交道呢？

一是斤斤计较的人。

我有个下属，曾经约了我好几次，说想跟我好好交流交流。我说：“好吧，你明天下午3点到我办公室来谈。”她如约而至。坐下以后，拿出笔记本，翻开夹着书签的那一页，很认真地说：“我曾经在某年某月某日上午几点向您汇报过某某某的近期工作表现，我是这样汇报的……”

她照着笔记本大约念了5分钟，然后接着说：“您听了以后，立刻气愤地说，怎么可以这样？你现在就开始物色他这个岗位的人，物色到合适的人以后就把他辞掉！”

“但是，过了没多久，某年某月某日上午几点在某会议上，您却在事先没有跟我通气的情况下，公开表扬了他。”

“有这回事？我表扬他什么了？”我一头雾水地问我这位下属。

她于是很认真地将她的笔记本翻到下一页，继续念给我听。

“您在会上表扬某某某说，上周六下午2点左右，您到办公室来

收邮件，听到二楼卫生间有响声，走过去一看，原来是某某某正在修洗手池的水龙头。您问他，怎么不等到星期一告诉物业的人来修。他说，等到星期一不知有多少水都漏掉了，太可惜。于是他就自己出去买了一个水龙头，正在换新的。您说您当时听后很感动，还对大家说，我们公司所有的人都应该像某某某这样，把公司的事当作自己的事来做。”

我很不解地问我这位下属：“难道我表扬他有错吗？”

我的下属委屈地说：“您是没错，可我就不好做人了。您这么一表扬，某某某得怎么想，你老是批评我这也不好、那也不好，还说张总都对我有看法。张总要是真对我有看法，能在会上大张旗鼓地表扬我吗？看来就是你在整我。”

我的这位下属还要继续说下去，被我不客气地打断了。我简明扼要地对她讲了三点意见：

一，我很反感你将咱俩之间的交流都如此清晰地记在本子上，而记录的目的是为了和我算账。

二，我既没有必要、也没有精力随时和我的下属去协调所有的“事先商量好，后来又变化了”的事情。

三，你要学会简单与人相处，要让别人感觉到与你合作是一件愉快的事，而不是一件麻烦的事。

在职场上要“认真”，但不要“较真”！

再就是喋喋不休的人。

周星驰版的《大话西游》里有这么一段情节：在西天取经的路

上，唐僧被牛魔王捉了去，绑在行刑柱上，一边一个小鬼儿，充当刽子手。唐僧迟迟不被砍头，闲得无聊，就和看他的小鬼儿唠起了家常，嘘寒问暖,没完没了。最后，聊得小鬼烦恼不堪，惨叫一声，倒地身亡！

更有甚者：孙猴儿犯了错误，师傅要惩戒他。两个惩罚手段让他自选：一个是念紧箍咒让他头疼；一个是对他晓之以理，动之以情，让他醒悟。孙猴儿立刻不假思索地说："您还是赶快念紧箍咒吧！"

诚然，《大话西游》里的唐僧是一个被夸大了的艺术形象。但是在现实生活中，像唐僧这样整天絮絮叨叨的人也并不少见。这种人只顾倾诉，不善倾听，处处表现出以自我为中心，不考虑他人感受，其实这是自私自恋的一种表现，千万要不得。

一个人要想得到他人的尊重，首先要学会尊重他人。要想让别人喜欢你，让别人欣然接受你，就得宽容一点、糊涂一点、少说一点、多做一点，给别人留下与你交往的足够空间！

简简单单，利利索索——跟这样的人相处，谁都会觉得没有负担。

做个心中充满阳光的人

乐观的人生活在阳光下，悲观的人生活在阴影里。

有两个犯人，犯了同样的罪，判了同样的刑期，被关在同一间牢房。一天，大雨过后的晚上，皎洁的月光透过铁窗洒在牢房的地上。两个犯人站在铁窗前，向牢外张望。这时，狱卒从窗前走过，问犯人甲：“你看到了什么？”犯人甲憧憬地说：“我看到了雨后满天繁星的夜空。”狱卒又问犯人乙：“你看到了什么？”犯人乙沮丧地说：“我看到了雨后满地的泥泞。”

我们相信：犯人甲刑满出狱后，一定会重打精神，开始他新的人生。而犯人乙则可能会背负着沉重的精神枷锁，在痛苦中度过他的残年余生。

这就是态度决定命运。

不是没有绿洲，是你心中一片沙漠；不是没有阳光，是你总低着头。

谁都愿意跟能给他带来欢乐的人相处。

一个优秀的、充满活力的团队，一定是一群积极的人在一起做事情。在一个团队中，如果任凭消极情绪蔓延、任凭消极的人乱发议论而不加制止，不要说什么事都做不成，还有可能把整个团队拖垮。

30多年前，改革开放之初，一些国企在改制中就常有这样的情况：方案出来，领导动员，费了九牛二虎之力，好不容易打开了大家的心结，鼓起了员工对改制的信心。这时，就有那么一两个“城府颇深”的人，说上几句“发人深省”的话，诸如“枪打出头鸟”等等，一下子就把大家刚刚燃起的希望之火浇灭了。

这就叫害群之马！

也许他的心态是：你想过好，我就不能让你过得好。也可能，他的心并不坏，只是情绪悲观而已。但是，无论他的出发点是好是坏，在团队中，这种人的作用糟透了！

我有个不近人情的建议：对消极的人，你有能力改变他吗？如果有，就尽快下力气把他改变成一个积极的人。如果你没有能力改变他，那么，为了组织的发展，为了组织目标的实现，就果断地将他从组织中请出去。

欲取先予：别总伸手要“平台”

在招聘面试时，经常会遇到这样的应聘者。

考官说：“谈谈你今后的打算。”

应聘者：“我打算两年熟悉情况、打基础，第三年做到部门经理，第五年做到总监。”

对这样的应聘者，单位一般都不大愿意接纳，除非具有单位急需的特殊才能。原因在于：你应聘某单位，首先应当弄清楚组织对你的需求，你怎么知道两年以后这个单位就正好缺你这么一位部门经理？四年以后就正好缺你这么一位总监？用人单位在对人才的使用和培养上，一般不会是你伸手要什么平台，组织就给你什么平台。而是在你与组织的融合共生中，逐渐发现你具有担当某项工作的潜质与才能，等到这项工作岗位有空缺，让你赴任的机遇来临时，才会将这项工作委派给你。

所以，作为职场新人，在进入工作团队之后，要积极努力地为组织作出贡献，赢得组织的信任，为自己在组织中的发展创造机遇，而不要伸手向组织要“发展平台”，过早暴露野心对你没有好处，尤其是在组织还未了解与认同你之前。

吃亏是福：先团队之忧而忧，后团队之乐而乐

中国有句老话，叫做“吃亏是福”。凡成就大事者，几乎都是受得起委屈、吃得起亏的人。

大禹治水，三过家门而不入，他为民谋福祉，宁愿自己吃亏受累，最后大家公推他为帝。成语里有“管鲍之交”说的是可以托付的友情。旁人都说管仲在占鲍叔牙的便宜，但是鲍叔牙却处处为管仲说话，后来还推荐他做宰相，正因为鲍叔牙肯“吃亏”，才交到一个一辈子的好朋友，并且作为伯乐为国举才，造福全国。蔺相如路遇廉颇“退避三舍”、韩信甘受胯下之辱的故事流传千年，倍受赞誉，就是因为他们顾大体、识大局，为了组织的利益，不计个人得失；为了远大的目标，不计眼前荣辱。在团队中，苦活、累活、难干的活抢着做，好事、美事、占便宜的事让给别人，这对一个职场新人被团队认同与接纳将起到十分重要的作用。

吃亏是福，这句话的道理，和“塞翁失马焉知非福”异曲同工。人生一世很难从来没有吃过亏，有时是主动吃亏，为了照顾他人或回报他人，有时是被动吃亏，情境所迫不得不低头。情商高的人才懂得吃亏，要知道，吃亏并不意味着懦弱、卑微、愚蠢，而只是一种以退为进的姿态和方式。古谚云：“吃一堑，长一智”，偶尔的吃亏正是难得的经验积累。想清楚这一次为什么吃亏，下次就不会犯同样的错误。

一个人最忌只看眼前利益，斤斤计较蝇头小利。经常占便宜的人，无疑是不受欢迎的。

特别是职场新人，处处吃亏在前，享受在后，就能够为自己在团队其他成员中“积淀”下好的第一印象，为自己今后的发展打下坚实的基础。

一个优秀的职业人往往有个特点：他们总是能够比别人多做一点。

刚入职场的人，千万别计较天天给领导倒水、打印文件、发快递、接电话这些事，也不要太介意偶尔被客户批评，不要为在团队中自己付出更多而没有拿到更多的钱而委屈，不要抱怨领导不重用你，还没有发现你超凡的才能。工作中无小事，没有人是一开始就被委以重任的，总是做了很多琐碎的事，在不断的任务面前保持良好的职业能力和工作态度，得到了信任和肯定，才慢慢得到更多的锻炼。小事都做好了，大事也就相对容易了。恰恰是这些小事，才是磨合工作习惯的好机会，也是锻炼你耐心和处事能力的路径。你所做的每一件事，领导和同事们都看在眼里，只有当你成为他们心中能够担当大任的人选，你才能得到充分信任，开始做更能发挥你长处的事。

第四章

你的绩效由谁说了算：怎样与上司相处？

张玮说：

无论从事管理工作，还是技术工作；无论你是在“官场”，还是在“工厂”，和自己的直接上司默契相处，融洽合作，对一个人职业生涯发展来说，都是至关重要的。

有效辅佐上司的五大要诀

有的人说：“我一个专业技术干部，明确岗位职责，兢兢业业工作就是了。我又不想升官发财，还用得着看着上司的脸色过日子吗？所以，怎样与上司相处，我认为没必要考虑。”

这种观点对不对呢？

我给大家举一个例子：

你兢兢业业地干了一年,年底总得有个说法吧。要没个“说法”,怎么评价你的工作表现？怎么界定你的工作效果？怎么给你发奖金？怎么给你晋级？总之，总得有个绩效考评吧？

绩效考评中有一个很重要的工具,叫“360度评价反馈”。360度的比例怎么分配？自我评价占10%，客户评价占10%，同事评价占10%，下属评价占10%，而你的直接上司对你的工作过程和工作业绩的评价却占总比重的60%，起码不能低于50%。这一理论指标说明了什么？你自己认为自己干得不错，客户、同事、下属也都认为你这一年干得不错，唯独上司对你的工作极不满意，你这一年可就算是白干了！

所以，无论从事管理工作，还是技术工作；无论你是在“官场”，还是在“工厂”,和自己的直接上司默契相处，融洽合作，对一个人职业生涯发展来说，都是至关重要的。

那么，我们怎样在工作中与上司良性互动呢？

第一要诀：明白上司对你的期望

董事长派我到外地去帮助下属企业解决问题。到了现场，听完汇报，该我拿主意了，这时我就会想，“若是董事长在这儿，他会怎么表态？”

我在工作中逐渐养成了一个习惯，就是从上司的角度看问题。哪项工作是哪个上司委派的，我就按照他的意图去工作，这就叫“受谁之命，就对谁负责”。由于每个上司的职权不同、工作风格不同，他给下属分配的工作任务、达成标准，甚至对工作过程中的细节要求都会有所不同，作为下属一定不能“以不变应万变”，以“我”的感受来代替上司的感受。而在处理每项工作时，特别是处于决定成败的关键环节，务必要想清楚：若是委派我这项任务的上司此时此刻在这儿，他会怎么决策、怎么行动？

有些职场中人虽然工作很努力，却总得不到上司的首肯。其中可能有一个原因，就是他们习惯于从自己的角度看问题，而忽略了甚至从来就没有关注过上司的期望。

一次，讲管理者素质提升的课，我在课堂上与学员做了一个互动练习，发给每位学员一张纸，“请立即写出：你的上司近期最想让你做好哪件事？”结果大多数学员都写不出来。究其原因，这些学员们都认为：“按照部门职责、岗位职责把工作做好不就行了吗？谁还天天去揣摩上司的心思？”

看来这是职场中人的普遍心态，难怪大多数人最终难以达成自己的职业目标。

应当怎样看待这个问题呢？

衡量一个职业人的工作状态，有三个层次的标准：合格、优秀、卓越。

按照部门职责、岗位职责的要求，把工作做好，叫做合格。

在合格的基础上有延伸、有拓展，不仅圆满完成，而且业绩突出，叫做优秀。优秀者一定比合格者少，是从合格者中选拔出来的。

卓越的人不仅知道自己该做些什么，而且知道上司最想让自己做些什么；不仅尽职尽责，而且能够为上司、为组织排忧解难。一个团队中，恪尽职守的员工可能有许多，但在组织发展中或当组织遇到困难时，能够帮助组织规划未来、扭转危局或独当一面的帅才将才却并不多。而这部分人的特质就在于将自己的命运与团队的命运紧密地联系在一起，他们不仅关心自己分内的工作，更关心团队的生存与发展。

卓越者一定比优秀者少，因为他们是从优秀者中脱颖而出的。

要想成为职场上的卓越者，就必须做到站在上司的角度看问题，弄清上司对你的期望。

《把信送给加西亚》这个著名的管理学中常常引用的故事，讲的是19世纪美西战争中，美方有一封重要书信，急需送到古巴盟军将领加西亚的手中，可是加西亚正在丛林作战，没人知道他在什么地方。此时，一个名叫罗文的年轻中尉接受了任务，不讲任何条件，历尽艰险，全靠一个人四处打听线索，徒步三周后，走过危机四伏的战地，把那封信交给了加西亚。同样是一个要求——把信送给加西亚，有的人会因为没有地址、没有联系方式、没有承诺而拒绝接受，或者即使接受任务也无法完成，因为他们会被随时可能丧命的危险吓退。只有像罗文这样心系关乎国家命运的托付，努力做到极致的人才能成功。

第二要诀：尊重上司的权威

对上司有意见或认为上司的批评有冤枉自己的地方，就直接了当地提出反驳或辩解，不考虑场合、不考虑方式。这种“初生牛犊不惧虎”的现象，在初涉职场的青年员工中屡见不鲜。

有些青年朋友认为：直抒胸臆，仗义执言，不仅不是问题，而且应当提倡，尤其是在当今这阿谀奉承成风的社会环境中，本该弘扬正能量，何况现在的80后90后都是个性独具，谁愿意虚伪待人呢?

那么，到底应当怎样做才算对呢?

其实，这是两个不同范畴的问题。“直抒胸臆，仗义执言”与“在恰当的场合、用恰当的方式提意见”之间并不存在相互排斥的关系。前者说的是一个人的性格特质在与人交流时的体现，而后者说的是人们在交流中应当把握的技巧。

谁不希望被别人尊重？马斯洛的需要层次理论指出：人在满足了生理、安全、归属与爱的基本需求之后，最想得到的就是被人认可、赞许和尊重。无论是对上司、对下属、对父母、对子女、对朋友，甚至对敌人，在相互尊重的前提下，展开对话，就相对容易达到预期的效果，即便一两次对话谈得不理想，也为今后继续对话预留了“再交流”的空间。

反之，出口伤人，不计后果，使对方感到伤及了人格，就等于彻底摧毁了继续对话的基础，这不是一句“直抒胸臆，仗义执言”就能把自己解脱掉的。

尤其是对上司，他负有团队领导职责。维护他的权威，在很大程度上就等于维护了团队的整体权益和整体形象。从这个大局出发，有时个人受点委屈也是应当的。这并不表明你圆滑，而是表明你顾全大局。

上司批评下属，是天经地义、司空见惯的事情；而下属批评上司则要讲究方式方法，使上司接受批评而不感到过于难堪。上司当众批评一个员工，顶多被大家背后称为“暴君”，而一个下属如果当众批评上司，严重的话，恐怕饭碗难保。不是说不能批评上司，要让上司接受批评，关键的一点是要给他足够的尊重，不使他太丢面子，表达方式要委婉温和，同时注意说话的场合。例如，唐太宗常常对魏征当面指责他的过错感到生气。一次，唐太宗宴请群臣时酒后吐真言，对长孙无忌说：“魏征以前在李建成手下共事，尽心尽力，当时确实可恶，我不计前嫌地提拔任用他，直到今日，可以说无愧于心。但是，魏征每次劝谏我，当不赞成我的意见时，我说话他就默然不应，他这样做未免太没礼貌了吧？”长孙无忌劝道：“臣子认为事不可行，才进行劝谏；如果不赞成而附和，恐怕给陛下造成其事可行的印象。”太宗不以为然地说：“他可以当时随声附和一下，然后再找机会陈说劝谏，这样做，君臣双方不就都有面子吗？”唐太宗的这番话，就流露出了作为领导对其尊严、面子和虚荣的关注。

从某种意义上说，会执行领导意志的人不如懂得领导意志的人，既懂得又执行领导意志的人，才是职场达人。为什么有些能力强的人得不到领导的赏识，原因就是不懂领导，反而希望领导懂他。

第三要诀：报告问题的同时也提出解决方案

许多企业老总都有一个共同的烦恼：有些下属太“勤于”沟通，无论工作中遇到什么问题，都要及时报告、请示。老总们说：手下有两三个这样的下属，会让你感觉很累，他把什么事都及时告诉你，公司里有些什么议论、他的工作目前进展到什么程度、有哪些难处、周围人怎么不好合作等等，听得你心烦意乱！老总们近乎一致的看法是：宁可什么都不知道，也不想要这样的下属天天在你耳边“嗡嗡”。

不出门就能够获取大量的信息，对上司来说，难道有什么不好吗？上司为什么厌烦这样的下属呢？

问题出在了以下三个方面：

第一，上司想得到的信息和你报告的信息不对称。你每次在报告时都没有从上司的角度出发去想："我向他提供哪些信息，能够帮他判断与决策？"而是将"一堆"你认为很重要，而上司认为并不重要的垃圾信息一股脑地告诉给了上司。你想，他能不烦吗？

第二，有许多上司只关注目标，并不关注下属工作的过程，尤其是对他信任的下属。上司认为，越是得力的下属，越应当具有准确判断和独立解决问题的能力。有点事就汇报，遇到"坎儿"就请示，上司就会认为：你职责内的事，你不设法解决，事事都等我的主意，那我要你这下属干吗？

第三，长期合作、工作在一个团队中，看到问题很容易，绝大多数团队成员都能做到。但是在看到问题的同时，还能同时提出有效的解决方案的人却并不多，上司最看重的是这部分人。所以，报告问题的同时也提出解决方案是一个成熟的职业人应当具备的素质与能力。

报告工作不要勤，因为上司的时间是宝贵的。

交流时不要罗嗦，因为上司喜欢听言简意赅的汇报。

不要把自己听到、看到的都报告给上司，因为有些事上司不想知道。

报告问题的同时也提出解决方案，因为上司喜欢不仅勇于承担责任，而且肯动脑子的下属。

第四要诀：审慎地发展自己与上司的关系

有两类人在职业发展的道路上不必过多考虑如何处理好与上司的关系：一类是自己创业的人，“我办公司，我做老板”，没有严格意义上的“上司”。另一类是家族企业中的家族成员，“我的上司就是我的老子”，只要能胜任，大可不必去看他的“眉高眼低”。

除了这两类人以外的“我们大家”，不求与上司搞好关系，起码得让他不烦你，就成了职业生涯发展的前提条件。

和上司搞好关系有这么重要吗？

许多刚离开校园，初涉职场的青年朋友对此很不以为然：我凭本事吃饭，凭责任心工作，干吗还得搭工夫讨上司的欢心？在学校，跟班主任、跟老师关系搞得再好，考试门门不及格，到毕业的时候，谁也救不了你。反之，那些学习成绩全校“拔尖儿”的优等生，从来不去琢磨要跟谁搞好关系，毕业找工作，好单位任你挑！

为什么许多学习成绩很优异、名牌大学毕业的学生，进入职场之后，两三年，甚至才一两年就换一个单位，其中相当一部分人，就是因为“转不过这根儿筋来”，总拿学校和职场比。没处理好人际关系，尤其是和上司搞得很僵。结果还把责任都推给对方。

我在招聘面试时，和应聘者经常有这样的对话：

“既然你这么优秀，为什么在哪个单位都待不长呢？”

回答：“没遇到好领导。”

诚然，一个人一生中要能遇到一两个好领导，绝对是人生一大幸事！千里马多得满街乱跑，伯乐又有几个？不是伯乐们有眼无珠，而是假装没看见千里马。因为，伯乐也要生存，尤其在这狼多肉少的年代，伯乐也有个保住饭碗的问题。你“能耐”大了，“功高盖主”怎么办？给你指导的多了，“学会了徒弟，饿死了师傅怎么办？”有些“伯乐”，豪言壮语张嘴就来：“你能翻多大的筋斗，我就给你铺多大的垫子”，可到动真格的时候，想的就多了，“那垫子都让你一人占了，其他能人上哪儿翻去？”

看来伯乐也有伯乐的难处！

说得这么明白，青年人还不理解，说：“这就是我们丑陋的中国人！你看人家发达国家，谁有本事就用谁，不必阿谀奉承，不搞论资排辈，更没有什么‘三姑六姨’、任人唯亲。”

果真如此吗？

我跟大家说一件上世纪90年代初我在美国看到的事情：我们一行5人到印第安纳州的一家生产型企业考察，厂长热情地接待了我们，带我们到车间参观。工人们忙碌地工作着，还不时回头和我们打招呼。我发现了一个奇怪的现象：干活的尽是老头儿，年轻人寥寥无几。我就问厂长：“是不是这儿的活太苦太累，年轻人都不爱干？”“NO，NO，NO！”厂长直摇头，“不是年轻人不爱干，而是这些老职工不让年轻人干。”厂长解释说“他们到了年龄不想退休，就鼓动工会和厂里谈判，以各种理由延迟退休，实在没有理由，就等年轻人进来了，他们挑毛病把年轻人挤走。久而久之，办公室里的干部、车间里的工人就都剩下老头了。”

现在许多年轻人都爱看韩剧，哪个韩剧里没有这样的情节：刚入职的新员工，见了什么组长、室长、部长、社长、会长，不管什么破企业，不管年龄相差有多大，哪怕比自己小十岁，也得点头哈腰地一口一个“组长”、一口一个“前辈”的叫着。

不少人、不少书都标榜日本的企业文化好，好到员工为一个企业效命，从生干到死都不想离开，员工忠于自己的企业，就像狗忠于自己的主人，矢志不渝、贫贱不弃。也许大多数日本企业是这样吧！反正我这一辈子到过的日企不少，认识的日企干部也有几个，从班组长、系长、课长到什么本部长、总括、总经理，但凡是个官，训起下属来，就跟训孙子似的，被训的员工只有“哈依、哈依”地应着，哪敢有半个“不”字。

可能有人会说，张老师你少见多怪，这不是以大欺小，这是人家日本人的民族习惯。我就不信，日本的老百姓都有这挨骂不还嘴的贱骨头的习惯？

说了这么多，只想说清楚以下几个道理：

1. 别指望这辈子能遇到几个“什么事都对你心思”的好上司；

2. 有不对脾气的地方，得你适应他，别指望着他适应你；

3. 自己的本事再大，也得服上司管，谁让人家握着咱的“生杀大权”呢；

4. 用诚意感动上司，用业绩说服上司，别用“套近乎”把上司惹烦了。跟上司搞好关系这件事不能着急，得慢慢来，欲速则不达；

5. 最后一点提示：实在受不了现在的上司，就依三十六计的最后一计行事。相信自己：千里觅知音，总能碰上个差不多的吧！

第五要诀：慎重向上司推销自己的想法

清乾隆年间，乾隆帝派御史左丞钱峰到各省调查地方官员贪腐的情况。钱峰下去调查了半年，发现有10个省的巡抚都有严重的贪腐行为。回京后，他立即给乾隆上了一道折子，要求皇上下旨，对这10省巡抚拘拿调查。乾隆拿着钱峰的折子，对身边的军机大臣说："这个钱峰，为人耿直，不惧权势，这一点很好。但他最大的毛病，就是意气用事。要我这皇上什么事都得按着他的意思办，否则他就不高兴，说我不支持他的工作。他上折子之前，也不动脑子好好想想，我大清一共就18个省，我要真听了他的，一下拘拿了10个省的巡抚，这国家还不得立马就乱？"

在现实生活中，像钱峰这样的干部其实并不少见。尤其是青年人，看问题透彻，提意见尖锐，不像年长的人，谈点看法左右掂量、瞻前顾后。但青年人由于涉世不深，缺乏工作、生活经验，往往在提意见或建议时，只关注自己所提意见或建议本身的意义和目的，较少考虑诉求时的环境因素、历史因素、整体因素，以及这些因素与诉求本身之间的利害关系。

所以，在团队中积极进言是好事，但作为一个成熟的职业人，作为一名优秀的团队成员，光有主人翁的意识和积极进言的精神还不够，还必须具备"出好主意"的能力。

一个职业人，一定要有强烈的责任意识，即要为自己所说的每一句话、所做的每一件事承担相应责任。入职前，在学校里，可以想说什么就说什么，因为学校本身就是一个营造多元文化的地方。而职场一般不提倡文化的多元性，比如：海尔有海尔的文化，联想有联想的文化，若将海尔的文化“搬到”联想，联想是断然不会接受的。所以，入职后，你进入到一个什么样的团队，你所在的团队负有什么团队职责，你在团队中承担什么角色，你的上司具有什么样的领导风格等等，这些问题都是你不仅要了解，而且要搞清楚的。只有将这些问题都搞清楚了，你在向上司推销自己的想法时，才有了准确表达的基础，你所推销的想法才是对上司、对团队有价值的想法。

上司喜欢什么样的下属

上司喜欢恪尽职守的下属

对于下属的“恪尽职守”，不同的上司有不同的要求。但从职场实践的一般意义上讲，可以归纳为以下几点：

首先，上司喜欢坚守岗位的下属。

青年朋友会说：“这要求也太‘基础’了，您是在说教吧？”

这绝不是说教，我凭自己在领导岗位上几十年的经验告诉大家，这的确是许多上司很在乎的一个问题！因为，长年累月始终坚守岗位的下属实在太少，而无论什么样的团队里都需要有这样的人。

在生产一线、“窗口”行业，这个问题不突出，因为一是有严格的纪律约束，二是有客户监督。你晚来早走，就会影响别人的利益，不用上司批评，自然有人来找你理论。比如：生产车间里“三班倒”的工人，你“接班”到岗晚了，向你交班的人到点下不了班，偶尔一次行，天天如此，平时再好的关系，人家也得跟你急。再比如：银行、商场、学校、医院等直接面对顾客、学生、患者的那些岗位，每天都有千百双眼睛盯着你，你晚来早走，经常脱岗，立刻就会有客户投诉。

但是，在事业单位、国家机关、科研院所、企业的职能部门，这就成了见怪不怪的普遍现象。大家观察一下，光是中午吃饭，有几个单位能做到不迟到早退？一个单位里又有几个人能做到按时下班用餐？个别人的理由是“去晚了就吃不上热饭热菜了”，大多数人的理由是“法不治众，大家都早走，领导未必注意我”。

领导真的视而不见吗？

我告诉大家，其实领导很在乎，只是不说罢了。

一位企业老总曾经跟我说，他的一位下属，工作能力很强，他曾几次想提她做总经理助理，但却始终下不了决心。原因是这位下属有个毛病，叫“我在她在，我走她走”。这位老总气愤地说：“我只要一出差或一请假办事，我前脚离开公司，第二天她保准也有事；知道我哪天要回来上班了，她准在那天一大早就先到公司。你说气人不气人？”这位老总又补充到：“这种人不光私心重，还爱要小聪明，不用也罢！”

还有一个与之相反的例子：

我的一位下属学历不低，但工作能力一般，属于那种调查型特征极差，常规型特征极突出的人。刚入职的那两年，我对他的“不开窍”很不满意，怎么看怎么觉得他做职能管理不合适，打算找个机会把他调到下属企业去做技术工作。时间长了，我逐渐发现这个小伙子身上有两个突出的优点：第一，交给他一件别人看来很无聊的工作，不管重复多少次，他从来都是很认真地把它做好；第二，他是公司职能部门中最遵守纪律的一个人，到公司三年多，不仅没有迟到早退过一次，而且经常早上第一个上班，晚上最后一个离开公司。就凭着这两点，我不仅决定不调他走，还决定经过专业培训之后，把他放到更合适的管理岗位上。本来无论谁稍一用心都能做到的极平凡的两个优点，倒成了这位下属的核心竞争力！

做下属的怎样替上司分忧？你越坚守岗位，上司自由支配的时间就越多；反之，你尽在工作时间办私事，晚来早走，“见天儿”请假，上司就不得不替你“顶班”，上司不烦你才怪！

这么浅显的道理，怎么许多人都不明白呢？

其次，恪尽职守还表现在对待工作比对待自己的事情用心。任何一个工作团队，在职责清晰的前提下，下属的责任心越强，团队目标就越容易达成，上司就越省心。

中科三环股份公司是一家生产型企业，在公司召开的青年人才论坛上，一位年轻的设备工程师讲了这样一件事：一天下午，他在修理完设备之后，拉掉了电源，关掉了排水阀，就下班回家了。夜里，他梦见排水阀忘了关，厂房里遍地是水。从噩梦中惊醒，他再也无法入睡，“万一我真的没关呢？”于是，他起身下床，穿衣出门，踏着月光，顶着凌厉的寒风，硬是一个人蹬着自行车走了20多分钟赶到工厂，证实排水阀确实关了，才放下心来。抬头看了看厂房墙上的挂钟，刚刚凌晨4点。

“我有很强的责任心”，这话说起来容易，做起来难，尤其是当团队利益与个人利益发生冲突的时候。比如：一个从贫困地区考到北京读了六七年大学的研究生。毕业后，好不容易被北京一家高新技术企业录取，并且解决了北京户口。“踏实”了没两年，在京的生活基础刚刚建立，突然有一天，领导找他谈话：“公司准备在贵阳建一个分支机构，打算派你去挑起这一摊来，不是永久派遣，最多5年吧。这可是个锻炼成长的好机会，怎么样？好好考虑一下，小伙子，这回就看你的了！”

去还是不去？别说着眼大局，就算为了自己的发展也该去。但面对这种选择，不是所有人都能痛快答应的！好不容易从山沟“跳到”北京，脚底都还没“捂热”，这回又得回山沟了，而且一走就是5年！刚在北京交的女朋友怎么办？刚准备签的购房合同还签不签？刚在新东方报的深造外语的培训班退不退？

他最后的选择是去，因为这对他的职业生涯是一次非常好的机会，他看中长远的结果。北京的户口丢不了，只不过晚几年回来而已。女友若为此分手，说明她没有那么爱自己，分了也罢。幸运的是，女朋友很支持他，一起跟他去了贵阳。买房合同签了，五年后房价涨了三倍，他大赚一笔。

人这一生，其实总生活在“顾此失彼”之中，所以偶尔赶上一回“两全其美”，就高兴得不得了。遇着事儿，“顾”哪头？“失”哪头？有的人精明，算了一辈子，算得自己精疲力尽，到老也没理出个头绪来。

我的体会有两条：第一，算是要算，但别算小账，要算大账，当眼前利益与长远利益发生冲突的时候，要往长远想。“君子坦荡荡，小人常戚戚”，胸怀大了，事儿就小了。第二，记住一个道理：小舍小得，大舍大得，不舍不得，如果遇事精打细算，什么都舍不得丢，最终丢掉的就是成功。

道理说得再动听，也得具体问题具体分析，上面这两条告诉大家的是分析具体问题时应把握的思想前提。

就在我国的神州5号飞船成功上天以后，俄罗斯大使馆的一位官员很伤感地讲了一个真实的故事：

上世纪60年代，苏联的联盟一号飞船完成了航天任务，就要返回地面。地面指挥中心突然接到驾驶员克瓦洛夫发回的消息：飞船的降落伞发生了故障，而且在飞船即将降落的两个小时之内不可能排除！

苏联政府向全国人民公布了这一不幸消息，并且接通了克瓦洛夫与家人的联系。下面是克瓦洛夫与他女儿的一段对话：

“爸爸，我想你！”

“孩子，将来你想做什么？”

“我想当宇航员。”

“孩子，祝愿你梦想成真。你还太小，可能不懂得什么叫‘责任心’，但是我希望你和全国的小朋友都记住一句话：将来你们做事情时一定要认真，千万不要忽略小数点后的数字。爸爸之所以有今天的悲剧，就是因为有人工作时太缺乏责任心了，弄错了小数点后的一个数字，才会这样。”这时，转播画面突然一片黑暗，克瓦洛夫与飞船永远消失在了无垠的宇宙中。

我们大多数人的岗位职责，还不至于用生命去换教训。但作为一个职业人，再小的事情也要认真做，再小的任务也要以高度的责任心来对待。

上司喜欢高风亮节的下属

企业在正常的运作状态下，大家都按部就班地工作，谈不上高风亮节。只有当意想不到的情况出现时、当危机来临时，才需要有人挺身而出，为了团队的利益，做点自我牺牲。总不能一到这时候，大家都往后缩，只把上司推到前头替整个团队“挡子弹”吧。

市场越活跃、经济越发达、信息传递的速度越快、全球化的趋势越明显，企业的稳定性就相对越差，从各个方面纷沓而至的危机就会频频出现，企业为了适应变化而采取的非正常举措也就会越来越多。这就需要涌现出一批高风亮节的下属，在关键时刻勇敢地站出来，为企业、为上司排忧解难。

2003年4、5月间“非典”突然袭扰全国，尤其是北京，成了“非典”的重灾区。当时的形势很严峻，一个企业里如果有一个人得了“非典”或“疑似非典”，防疫部门和指定医院就会立即派出一支“联合部队”赶赴事发单位实行隔离，至少两周。在这两周时间里，停工排查，待确信其他人没有被感染，才能解除隔离，恢复生产。当时，我所在的企业订单很多，并且都是国外客户的订单，生产任务十分繁重，天天加班都做不完。一旦有人得了“非典”，受影响的不仅是生产进度，更严重的是国外多年维系的大客户对我们的信任。董事长任命我担任抗“非典”领导小组组长。当时我想：一定要尽自己的最大努力确保所属企业不发生一例“非典”或“疑似非典”；一定要确保所有订单不因“非典”而延迟交货。当时，人们为了躲避感染，都尽量减少外出活动。而我却继续在北京、天津、上海、南京、宁波等地到处跑，指导下属企业落实抗“非典”措施，慰问奋战在生产一线的干部、员工。亲友们很担心我会被感染，有的劝我“别太认真，尽量少往外跑”，有的叮嘱我“出去时一定要记着戴口罩、戴手套，做好必要的防护措施”。我十分理解和感谢他们对我的关爱，但依然我行我素。因为，我心里很清楚：我多往下属企业跑一天，董事长和公司的其他领导同志就可以安心地在总部待一天；我不用防护用品把自己“武装”起来，当我走近一线员工的身边时，他们就会感到我在和他们并肩战斗，而不是“领导在后面躲‘非典’，我们在前面保生产”。

当时，我也想到过，万一自己被感染怎么办？但是，一句十分豪迈的话鼓舞和支撑了我：“这个时候，我不下地狱谁下地狱？”况且，阎王爷也是欺软怕硬的，谁越是到了关键时刻将自己的生死置之度外，他越躲着谁！

我跟青年朋友们说句推心置腹的心里话：人这一辈子，得有几次能“豁得出去”！一到关键时刻，就先想到怎么把自己保护好的人，很可能会“一生平安”，但也一定“一生平淡”，绝不会有什么大出息。

上司喜欢与他分忧的下属

不少上司都喜欢事必躬亲，什么事都替下属想好了，下属只需动手，不用动脑。久而久之，上司越当越累，下属越干越傻。企业小的时候，这种状况不仅可以，而且还有好处，它有利于上司随时掌握各项工作的进度，有利于集中统一指挥。但是，当企业发展到一定规模，别说上司根本做不到指挥每个下属完成每一件工作任务，就连“做决策”这项领导者最重要的职能，恐怕也得拿出一部分让有决策能力的下属去分担。

企业越发展，遇到的问题就越多，也就越需要涌现出一批不仅有诚意，而且有能力与上司分忧的下属。

有些事，不必上司交待，而需要你主动去发现。作为一个好下属，首先得要知道，你的上司“忧”什么？有哪些“忧”希望你来替他分担？北京先锋仪器仪表公司的人事行政中心主任刘启祥，给我讲了一个发生在他自己身上的故事：

1999年，公司领导层决定拿出多年积攒的800万元福利金，给离退休的老员工发放住房补贴。消息传出，老员工们很是感动：“咱们公司就是好，隔三差五的出台一些福利政策，尽想着我们这些退了休的人。”当时公司让人事行政中心负责这项工作，老员工们的赞许更增加了中心主任刘启祥的信心。他愉快地接受了任务，组织起工作班子，开始设计方案，征求意见。

随着工作的进展，问题逐渐暴露出来，刚得到消息时的‘感动’被牢骚与不满所代替：

“我们两个人同年到公司，同年退休，职称都是高级工程师，凭什么他的住房补贴就比我多两万？”

“虽然某某某工龄比我长，可论对公司的贡献，我比他大多了，但住房补贴我才比他多一万元，这太不合理！”

人们开始关注细节，开始横向比较。越比牢骚越大，越比心里越不平衡。于是大家就都去找总经理赵岩，有的白天到办公室找；有的晚上到家里找，搞得赵总不得安宁。

老刘看在眼里，急在心上，于是，他找到赵岩：“赵总，我想以您的名义发一个通知，告诉所有的离退休员工：因发放住房补贴这件事公司已明确责成人事行政中心负责，故从今天起凡涉及此事的咨询、投诉、建议，均由中心主任接待，总经理不再受理。”

赵岩同意了老刘的建议。从此，基本上没有人再去打扰赵岩了。可是，老刘的办公室、老刘的家里可都热闹起来了，甚至有人夜里11点多还打电话跟他探讨分配方案。一来二去，把老刘夫人惹烦了，“咱把电话关了吧！为了你们那几百个人的住房补贴，我天天晚上连个囫囵觉都睡不了，要么你也给我点儿补贴吧。”

老刘一边劝慰夫人，一边想：我要的就是这个效果，电话不能关！要知道，我替赵总接待了员工，他能睡个安稳觉了！

故事里的刘主任为了让总经理集中精力抓大事，就主动请缨，把那些扯皮的事、难缠的事都揽在自己身上。一个团队中有几个这样的骨干，上司就会轻松得多。我跟一些企业老总也常说："你手底下有没有这样的人？当你为公司的事愁得晚上睡不着觉的时候，有没有哪个下属跟你一块儿发愁？如果答案是肯定的，而且和你同呼吸、共命运的下属还不止一个，那你这上司真没白当！"

现在的职场中人，沟通能力都很强，心疼人的话张嘴就来："领导，看您这几天都累瘦了，有什么事尽管指使我们，我们会全力以赴的。""您手底下有这么多兵呢，有事千万别自己一个人扛着！"

动人的话可以随口就说，但说话的人不要以为只要你说，上司就相信。

谁是替他分忧的下属？谁是恪尽职守的下属？谁是"给多少钱干多少活"的下属？谁是光说不练的下属？绝大多数上司都有把这几种人分辨清楚的能力！

一个好的下属、一个优秀的团队成员，一定要做到"先团队之忧而忧，后团队之乐而乐"。

上司喜欢干练、表现适度的下属

什么叫干练？就是简单高效；什么叫适度？就是恰到好处。

现在生活节奏快了，时间对于每个职场中人都很宝贵。人们都希望用尽可能短的时间解决尽可能多的问题。这就要求我们领会上司的意图要快、决定自己的行动要快、达成任务目标的速度要快。但是，光快还不行，还得要准确、高效、卓越，即又快又好。这也正是我们平时说的高效执行力。

听了半天总搞不明白上司意图的人；接受任务时瞻前顾后、讨价还价的人；干起事儿来拖泥带水的人；任务完成得“不好不坏”的人；整天追着上司请示、汇报的人，这些人是最不受“待见”的，也叫不干练。

世界上没有十全十美的东西，也没有十全十美的人，聪明、能干、不罗嗦，这样的下属哪个上司都喜欢。但是，这样的下属最容易犯的一个“毛病”就是把握不好与上司相处的度。乾隆朝的钱峰，得罪了那么多同僚重臣，还被乾隆爷力排众议，提拔做到御史中丞，足见这一对君臣堪称明君干臣！但最后，乾隆爷却不得不将钱峰投入大牢，甚至借和珅之手除之。原因何在？就是因为钱峰太能干了！“能干”到他的主意比乾隆爷正，他上一道折子，乾隆爷“必须”同意，否则，他就用破口大骂、辞官、绝食，甚至撞树自杀这样极端的做法威胁皇上。历史上不乏这样的“干臣”，商鞅、李斯、韩非子都是既有高瞻远瞩的战略思维、力排众议的过人胆识，又有推进变革的超凡能力的练达之才，但他们最终的归宿却又都是那样的悲泣惨烈。我想：造成这些能人的悲惨结局，除了历史的、政治的客观因素之外，他们在性格上，在与人沟通的方式上，都有一个共同的特征，就是：知无不言，言无不尽，过于率直，不善谋略。

所以，在很多情况下，把握好“度”反而成了“干练”的人达成目标的重要前提！

在和上司交往时要注意哪些问题

不要在背后议论自己的上司

小刘乘上上班的电梯，和两位同事在电梯间里聊起了昨天下午发生在办公室里的那件事。老李说："咱们刘部长怎么发那么大的火,吓了我一跳！"老赵说："他教训员工跟教训他儿子一样，也太不尊重人了！"小刘附和着他俩说："让咱们赶上这么没人性的领导，也真够倒霉的。"电梯到了15层，同乘的人都纷纷下了电梯，只有小刘和一位三十多岁的男士继续向25层上去。电梯间里静了下来，这时，小刘侧脸一看，那位男士也正在面无表情地看着她。原来，这位男士就是刚才被小刘骂作"没有人性"的刘部长。

面对这一尴尬的局面，如果你是小刘，会怎么做呢？

在背后只说人好，不说人坏，否则自己会很被动。让人知道了，无论你怎么解释，都很难自圆其说。因为谁都会认为：在背后说的才是心里话。

“背后说人一句话，不如当面吵一架”。当面顶撞上司固然不好，但要好于背后议论。当面顶撞，顶多被认为不冷静、爱冲动，“拔到最高”也就是对领导不尊重。有些上司对这样的下属甚至还有正面评价，叫“耿直”。

背后议论可就不同了，大致有三类情况：

第一类，无特殊指向性的不负责任的乱说，就像毛泽东曾经批评过的：“当面不说，背后乱说，这叫自由主义。”常犯自由主义会使上司对你不信任，不敢跟你坦诚沟通，不敢把重要的工作交给你做。

第二类，有特殊指向性的背后批评。一般这种批评所指的事件具体而清晰、与批评者的切身利益息息相关，而由于批评者与他议论的目标人之间身份差距较大，难以当面沟通。这类事情一旦释然，上司不会对你心存芥蒂。

下面这个故事就符合背后议论的第二类特征：

1940年，抗日战争处在最艰苦的相持阶段。有一天，延安的干部们帮着老乡修窑洞，突然发生了意外，由于窑洞坍塌，一位干部当场被砸死。有个老乡对旁边的人说了一句话：“这么好的干部，死得真可惜，砸死的就不该是他。”旁边的人问：“那你说该是谁？”这位老乡悄声说：“就该是毛泽东！”听话的人大吃一惊，立刻将这件事向政府举报，这个老乡被抓了起来，要判他反革命罪。毛泽东知道了这件事，就对延安地方政府的同志说：“你们把那个老乡带到我这里来，我和他聊一聊。”这位老乡见到毛主席，吓得直哆嗦，因为他知道自己有可能被枪毙。毛主席和颜悦色地问他：“老乡啊，你为什么盼着我死呢？”看着毛主席和蔼的面容，老乡说出了心里话：“本来陕北就穷，我们是吃了上顿没下顿，你带着队伍开进来了，今天下个命令，我们就得交粮；明天下个命令，我们又得交铁，你到我们家里去看看，连口做饭的锅都没有了。”毛主席听着老乡的话，动情地掉下了眼泪，他真诚地向这位老乡道了歉，并且立即召开政治局扩大会议，作出两项决定：一是减轻边区人民赋税；二是深入开展大生产运动，保证部队自给自足，帮助边区人民提高生活水平。1942年末，当初那位“咒毛主席死”的老乡被评为拥军模范，还和毛主席一起合了影。

第三类，当着上司的面，从不提反对意见；在背后，却牢骚一大堆，甚至无中生有或说些有损人家人格的话。这是最要不得的。

提意见时只提事实，不作评论

许多人都有这样的表达习惯，叫“先归纳，后陈述”。

例如：“现在的年轻人就是眼高手低。我们部门新分来一个大学毕业生，我安排他整理技术档案，头两天干得还行。打昨天开始就坐不住了。一会儿上厕所、一会儿打手机，这种工作状态，整出的档案能符合要求吗？”

再例如：“北京的交通状况真是越来越糟！昨天下班，从公司到我家不到3公里的路，在北四环黄庄路口居然足足堵了40分钟。”

以上这两段话的第一句都是提炼与归纳，接下来的内容才是陈述事件本身。

毛泽东同志曾经讲过：“要摆事实，讲道理。”但是，只要在生活中多留意一下，你就会发现大多数人口头表达的习惯却是先说道理，后摆事实。

但是，向上司提意见就不宜使用这种先将论点抛出来的表达方式，它有两个“风险”：

第一，你怎么知道你的论点上司是认同的？如果第一句话说出来上司就不认同，那么你紧接着要陈述的论据他还能耐心听下去吗？

第二，你凭什么认定你的论据足以支撑自己的论点？

所以，在向上司提意见时，甚至包括和上司讨论工作、交流思想时最好“让事实说话”，不要急于表达“我怎么看”。最可取的方法是：你把事情讲出来后，先耐心听他说，对这件事他是怎么看的。在了解了上司的基本观点后，再发表自己的看法，就比较容易达成共识。

同样的意见只提一次

在职场上经常会有这样的情况：你向上司提了一个意见或建议，上司说：“你的意见我会认真考虑的。”于是，你就天天期盼着上司的“考虑结果”。过了一段时间你才发现：上司的考虑根本没有结果！

这时，你是否会认为“上司有可能因为忙，忘记了我跟他说的事”？

当你作出这样的判断之后，就会“跟上”一个错误的决定：我再去找他提一回。

“忘性大”的上司有没有？答案当然是肯定的。但是，我告诉大家一个仅凭经验积累得出的感觉信息：大多数的上司，不是忘了，而是不想再理你。

往往没有态度，本身就是一种态度；没有答复，本身就是答复。就如同投票选举中的“弃权”一样，它绝非当事人真的放弃了自己的权利，而是对自己权利的“另类表达”。

不要就价值观、气质、性格等方面的问题向上司提出批评

原因有二：

一是上司的价值观、气质、性格往往决定了企业的价值观、气质和性格。即便你的上司只是一个部门或一个课题组的负责人，也同样以他的价值观、气质和性格影响着整个团队。看过《亮剑》吗？李云龙的战士们，不仅做起事来那“风驰电掣”般的作风个个像他们的团长，就连说话带脏字儿、穿军装不系风纪扣这些“臭毛病”都跟李云龙学得惟妙惟肖。所以，从某种意义上说，企业文化就是企业领导者个人风格的文化体现。进入一个团队，不仅价值观要和人家相对一致，就连脾气秉性、行为方式、表达习惯都得逐渐往人家那儿靠，否则，你怎么在这个团队里待得住？这个过程就是我们前面提到的“融入”的过程。向上司提出批评，希望他在价值观、气质、性格方面有所改进，改得符合你的期望与要求，这是一件连想都不要想的事！

二是一个人的价值观、气质、性格，或是先天遗传，或是形成已久，那是你提提意见，他就改得了的吗？你去建议一个因为激素药物导致体重超标的上司减肥？你去建议一个喜欢金色的上司把公司使用多年的logo换成红颜色的？你在一个有宗教信仰的上司面前大谈宗教的愚昧之处？上司只会觉得你不开眼。

所以，千万别抱着天真的愿望去做这“无用功”。

提意见时要顾及你和上司的关系，以及自己的身份

向上司提意见或建议的深度要与你和上司的关系相吻合，同时要考虑自己的身份，不要简单地认为“我是为他好”。要知道，你有再高明的意见，必须得让上司接受，才算有效，才算好。

《红楼梦》中贾雨村受林如海之托，将黛玉送至金陵贾府。后经贾政举荐，雨村补授了金陵应天府之职。刚上任的第一天，就遇到了薛蟠仗势霸女，打死冯渊一案。雨村想借着对这个案子的处理，树立自己秉公执法的清正形象。这一天，升堂审案，听了原告申诉之后雨村气愤不已，即令衙役对被告一等人犯动用大刑。这时，他的眼睛往堂下一扫，忽见一个门子直向他递眼色，意在阻止他对被告用刑。他

虽不明就里，但想必有原因，便随即改口道："本老爷累了，你们且将台下一干人等先行拘押，待老爷休息好了再审不迟。"

衙役们将人犯带了下去，雨村回到后堂。他立刻将"递眼色"的那个门子叫到跟前问道："你刚才为何阻止本老爷？"门子很神秘地反问雨村："老爷既荣任到这一省，难道就没有抄一张本省的护官符来不成？"雨村忙问："何谓护官符？我竟不知。"门子道："这还了得！连这个都不知，怎能做得长远？如今凡作地方官的，皆有一个私单，上面写的是本省最有权有势、极富极贵的大乡绅名姓，各省皆然。倘若不知，一时触犯了这样的人家，不但官爵，只怕连性命还保不成呢！所以绰号叫作护官符。打死冯渊的薛家，老爷如何惹得起！那真凶便是人称'混世魔王'的大公子薛蟠。"雨村至此还未听得明白，便问："那又怎样？"门子从顺袋中取出一张抄好的护官符递到雨村手中，雨村细细看来，上面写着四句话：

"贾不假，白玉为堂金作马。
阿房宫，三百里，住不下金陵一个史。
丰年好大雪，珍珠如土金如铁。
东海缺少白玉床，龙王请来金陵王。"

见雨村看毕，门子凑上来解说道："丰年好大雪即指薛家，这贾、史、薛、王四家皆联络有亲，一损皆损，一荣俱荣，扶持遮饰，互有照应。"

雨村听罢，如拨云见日，豁然开朗。思忖道："且不说今后扶摇直上，就我当今这功名，也多亏了贾老爷关照！我不在这时报答，还等什么？”

于是，贾雨村暗中指使薛蟠使了些银子，堵住了冯家的嘴，胡乱了结了此案。并及时通报了各家，说些“相安无事，敬请放心”的话。

从此，雨村凭借着这张护官符，平步青云，一直做到了兵部尚书。

有趣的是，那费尽心机，殷勤献策的门子，后来不但未得到些许好处，反而被雨村以莫须有的罪名，发配到新疆伊犁做苦工去了。

那门子为什么落得这样的下场？贾雨村又为什么恩将仇报？其根本原因就在于门子与雨村之间的关系以及他们在职场上的“级别距离”不允许门子给雨村出这么“核心”的主意，他不具备在这么高的层面上“点拨”上司的资质和权力！

沟通的艺术是听和被听的艺术。管理之父德鲁克说，一个人必须知道该说什么，什么时候说，对谁说，怎么说。这个道理，在和上司沟通过程中，更需要注意。

与上司在原则问题上有误解，要及时沟通化解

上下级关系不同于家人、朋友、同学关系，你可以和关系亲密的人赌气，却不能拿自己的饭碗和上司赌气。当你与上司在原则问题上有了误解的时候，一定要及时沟通化解，而不要积累成成见，以免影响自己的发展。

1935年1月15日，历史上著名的遵义会议确立了毛泽东同志的领导地位，但并未确定长征到陕北。当时中央的意图是入川建立川西北根据地。后来因国民党军队的顽强抵抗，这一战略意图未能实现，才被迫长征的。遵义会议后的湘江之战使红军从江西出发时的8万人锐减为4万人，损伤过半。四渡赤水期间过金沙江时，红军总人数又减到两万余人。

林彪过金沙江前已经牢骚满腹。他说红军净走弓背路，应该走弓弦，走捷径，否则部队要被拖垮。过金沙江进至会理地区，一到宿营地他就给彭德怀打电话，林彪在电话里说："蒋介石和龙云的追兵虽然暂时摆脱了，但他们的追击不会停止。如果蒋介石增援川军，合力堵住大渡河，后面再有追兵，我军只能在这块狭长地区转来转去，十分不利。我看该由你来指挥，赶紧北进吧。现在的领导不成了，你出来指挥吧。再这样下去，就要失败。我们服从你的领导，你下命令，我们跟你走。"

林彪的要求被彭德怀拒绝了，彭德怀说他当时回答："我怎能指挥北进，这是中央的事。"

林彪放下电话就给中革军委写信，写完信要聂荣臻签名，聂不签，林彪便签上自己的名字将信送了上去。

林彪的这封信引起了毛泽东的高度重视和极为不满。毛泽东说："我们几渡赤水，调动敌人，跑路虽苦，但终于胜利渡过金沙江，跳出了敌人的围追堵截，离最近的滇军也有两三天路程，一过江我们同四方面军会合的日子便指日可待了。可是现在却有人对穿插、迂回的作战方针，多跑一些路，有意见、发牢骚，甚至给中央写信，要求改换领导，这是动摇的表现，是右倾机会主义行为。”

大家都以为他在说林彪，其实他是在说彭德怀。

在此后的一次政治局扩大会议上，会理城久攻不克，彭德怀心里着急，在会上说：“渡过金沙江进入会理地区是个很大的胜利，但是”，刚说到“但是”，发言就被毛泽东打断，毛泽东大声说：“彭德怀同志，你对失去中央苏区不满，在困难中动摇，这是右倾；林彪写的信，是你鼓动起来的。”

话说得很重，而且突如其来，与会者无不震惊。彭德怀也毫无思想准备，他也是进入会场时才看到用复写纸复写的林彪的信。

对毛泽东的批评，彭德怀觉得很委屈，但他想大敌当前，团结要紧,所以丝毫没有争辩，事后也没有找毛泽东解释，反而在会上批评了林彪，也高姿态地检讨了自己。

但毛泽东对这件事却始终耿耿于怀，此后的24年里提了4次，直到1959年庐山会议毛泽东第四次提及此事时，林彪站出来申明，信是他自己决定写的，与彭无关，一桩公案才终于了清。

彭德怀后来总结说：“从现在的经验教训来看，还是应当及时谈清楚的好，以免积累算总账，同时也可避免挑拨者利用。”

但是，他醒悟得太晚了！

第五章

工作很重要，但不是一切：怎样给自己“减压”

张玮说：

压力是什么？

压力是当人们认识到威胁或者无法应对的情况时所产生的生理和心理状况。当你意识到威胁和挑战的时候，你的身体就会让你体验什么叫做压力。

其实，在绝大多数情况下，改变一种状态，无须对自己作全面的、重大的调整，只需在对某个事情的某个细节的处理上做一点实质性的改变就足够了。

人活着不能跟自己较劲儿

铁人王进喜有两句名言：“井没压力不出油，人没压力轻飘飘”。

有压力是好事，一个心理健康的人，会将压力转化为动力，提高工作绩效，促进职业发展。但在生活实践中，也有一些青年朋友，为工作压力过大而苦恼。我时常接到一些青年朋友的来信，跟我探讨这方面的问题。

下面是我的一个在银行工作的学生去年11月发给我的一封电子邮件，他在邮件中有这样一段话：

“张老师：离开学校，走上工作岗位已经半年多了。越来越感觉到压力太大。每天9点上班，5点下班。下班后几乎没有一天能按时走的。不是陪客户吃饭，就是加班写东西。哪天都得忙到晚上10点以后。更加让我难以容忍的是，还得经常挨老板的批评。当学生时，我的学习成绩一直很好，家长、朋友、老师、同学，从他们那里听到的都是赞扬的话。现在想起学生时代真好！原以为到了工作岗位，只要努力工作，就一切都好。但是现在，我不这么想了。我感觉不仅疲劳，而且屈辱！刚工作才半年，再聪明的人，也得有个熟悉的过程吧？可在老板看来，一切都得做到极致他才满意。稍微有点差错，就骂你个狗血淋头，而且当着那么多人的面！张老师，我要崩溃了，救救我吧！”

还有一位青年，上个月从山东威海给我寄来一封信。他在大学学的是给排水工程，毕业后到北京某建筑公司就职。参加工作的第八个月，被派到山东威海某建筑工地做现场技术管理工作。到给我写这封信的时候，已经在现场连续工作一年半了。其中有这样一段：

“张老师：我在工地的值班室里，借着昏暗的灯光，给您写这封信。跟我在学校里想的真不一样！毕业后被北京这家单位接收，户口、人事关系都落在了北京，成了真正的北京人，当时，别提有多高兴了！可是，自从被派到威海，一年多的时间，跟新婚的妻子一共待了不到10天。就连春节，领导都要求我们必须在初三晚上赶回去，说是要在工人停工的时候检修设备。我真后悔，当初为什么要选这么个专业。威海的工程完了，还指不定又要被派到哪儿。这辈子，到哪儿是个头啊？张老师，您说我该怎么办？”

有困惑的，不止他们两人。

理想是美好的，现实是残酷的。理想与现实之间的距离，在学校时不可能体会到，刚参加工作时也难以体会得那么深刻。但是，参加工作的时间越长，遇到的现实问题越多、越具体，这种认识上的反差就会越强烈。不少青年在工作一段时间之后，对于工作以及工作环境的新鲜感逐渐消退，迷茫与困惑就会纷沓而至。

换个单位或许能够改变自己的命运?

于是，他们就开始了频繁跳槽的人生旅程。

在职业生涯初期，频繁变动就职单位的后果是什么呢?

毕业四五年，弹指一挥间。

职业生涯没发展，只因调动太频繁!

我们常常被教导要体谅别人，当我们自己遇到困难和压力的时候，也要学会体谅自己。我信奉一个理念：人活着不能跟自己“较劲儿”，要想工作效率高、工作寿命长，就得愉快生活、轻松工作。但要做到这一点，舒缓压力是关键。但前提是对压力要有正确认识。

为什么有的人能将压力变动力，有的人却被压力“压得”喘不过气呢?

压力和哪些因素有关

职业兴趣

一个人如果是干自己喜欢的工作，压力越大，就越能激发起他的工作热情。反之，一个人如果对自己干的工作没有兴趣，他从事某项工作的目的，只是迫于生计挣口饭吃，即便是在没有压力的情况下，他也未必能发挥主观能动性把工作干好，再遇到压力和挫折，那他的状态就可想而知了。

所以，我经常跟负责招聘面试的HR同行讲：对刚从学校毕业的求职者，在面试时，给他作一个职业兴趣测试，比如“霍兰德”（即霍兰德职业兴趣测试，由美国著名职业指导专家霍兰德编制，主要用于确定被测试者的职业兴趣倾向，进而用于指导被测试者选择适合自身职业兴趣的专业发展方向和职业发展方向），很有必要。在企业力所能及的范围内，把他安排到他潜在的职业兴趣之所在的工作岗位上，无论是对员工个人的发展，还是从企业角度对员工的激励与管理，都是有百利而无一害的。

我国著名数学家陈景润在“文革”那动乱的十年，“躲进小楼成一统”，把自己关在中关村88楼一间6平方米的小屋里，借着一盏昏暗的煤油灯，伏在床板上，用一支笔，耗去了6麻袋的草稿纸，独自“耕耘”了整整5个年头，攻克了世界著名数学难题“哥德巴赫猜想”中的“1+2”，创造了距摘取这颗数论皇冠上的明珠“1+1”只是一步之遥的辉煌。

到“文革”结束之时，祖国大地已经被折腾得满目疮痍，而陈景润在攀登数论巅峰的道路上艰难跋涉、独自前行，却已硕果累累！

1976年，粉碎“四人帮”；

1978年，党的十一届三中全会拉开了改革开放的序幕；

1979年，陈景润应美国普林斯顿高等研究院之邀前往讲学与访问；

1980年，他当选为中国科学院学部委员，

1981年，陈景润受到邓小平同志的亲切接见，小平说：“像陈景润这样的科学家，中国有一千个就了不得。”

我们现在讲要想让科研人员出成果就得有良好的科研环境，而陈景润当时却只有小屋、床板、煤油灯。

我们现在讲工欲善其事，必先利其器，先进的科研设备是取得科研成果的必备前提，而陈景润当时不仅没有电脑，甚至没有计算器。

我们现在讲不仅要为科研人员提供好的工作条件，还要解除他们生活上的后顾之忧，而陈景润当时最常吃的就是馒头加咸菜，那个时代还没有方便面。

我们现在讲“知识分子是工人阶级的一部分”，而陈景润当时却是“臭老九”。

就是那样的环境、那样的条件、那样的生活水平、那样的缺少“尊严”，陈景润不仅没有动摇和厌倦，反而在自己的那片小得不能再小的天地里，辛勤耕耘，乐此不疲！

他的成功得到过谁的帮助？若要硬说如果没有与他人的沟通，陈景润不可能实现哥德巴赫猜想，那么，这5年里帮助过他的就是提供他生活必需品的商店的售货员。

支撑他的当然有对目标的渴求，有坚韧不拔的毅力，但这一切都源自于对数学由衷的热爱，也就是我们所说的职业兴趣。

个人性格

从多例爱德华个人偏好测试（该量表是由美国心理学家爱德华于1953年以另一位美国心理学家默瑞提出的人类15种需求为理论基础编制的，全量表包括225个题目，每个题目包括两个第一人称的陈述句，要求受测者按自己的个性偏好从中圈选一句话）的结果来看，下列内在需求分数较高的人，相对的“抗压”能力就比较强，例如：成就需要、自主需要、支配需要、变异需要、持久需要、攻击需要等。下列内在需求分数较高的人，相对的“抗压”能力则比较弱，例如：秩序需要、求助需要、谦卑需要等。

从性格类型上分析，一般情况下，性格外向的人比性格内向的人“抗压”能力要强。因为宣泄是释放压力的一个重要途径，而性格外向的人善于宣泄。我的一位在企业里做老总的朋友就曾经跟我有过这样一段对话：

“你管这么大一个企业，感觉压力大不大？”

“压力很大。”

“那你平时怎么释放自己的压力呢？”

“骂人呗！看哪个下属不顺眼，骂他一顿，自己就痛快了。”

不管这位仁兄宣泄的方式有多不地道，起码说明了一个道理：转移释放是舒缓压力的有效方法之一。

《红楼梦》里，薛宝钗性格开朗、善于沟通、应变能力强，而林黛玉性格孤僻、敏感多疑、不善变通，薛宝钗就比林黛玉活得舒心。细品《红楼梦》，你会发现，其实薛宝钗的出身境遇比林黛玉也没好到哪儿去：她自幼死了爹，薛姨妈守寡将她兄妹二人拉扯大，而她的哥哥又不是个省油的灯，整天在外头惹是生非，搅得全家不得安宁。说林黛玉寄人篱下，难道薛宝钗不是？只不过她的家境的确比林黛玉殷实。但最终导致林黛玉在贾府不受“待见”的原因，并非贾家的人都是势利眼，谁家底儿薄就欺负谁。而是因为：第一，林黛玉心里只有爱情，没有事业，不但自己没事业，还总抻宝玉的后腿，让宝玉也别干事业；第二，林黛玉既没干事业的心，也没干事业的能力，贾母若真让她当了孙媳妇，就她的“胜任素质”而言，她能撑得起贾府这么大的一个家吗？

我认为：人的心胸和工作、生活当中遇到的事情是成反比的，心眼儿小的人，总是举轻若重；反之，心胸大了，事儿就小了。

性格总是在关键时刻左右人的决定和选择，正是一次次小的选择和决定，积累出一条属于每个人自己的路。如果没有对自己性格特点的清晰认识和把握，不懂得扬长避短三思而行，人生里就难免吃亏多于享福。

成长环境

一般来说，在顺境中成长起来的人“抗压”能力较弱，而在逆境中成长起来的人“抗压”能力则比较强。

近几年，经常到欧洲走一走，就明显感到，西方的家庭教育和我们的家庭教育之间确实差异很大。西方的教育理念是：只要孩子能自己做的，家长就不要替他做。而我们中国，许多家庭的教育理念是：只要孩子学习好，其他什么都可以不做。我们的家长不仅替孩子做得太多，而且替孩子想得太远：刚会直立行走，就替他选好了幼儿园。小学还没毕业，又替他办好了“小升初”。直到报考大学选专业、毕业后打通门路找工作。甚至孩子都快30岁了，到《非诚勿扰》找女朋友还得爹妈叔婶一大群，跟着一块儿上电视！

每每想到这些，我的心情就很沉重，在这种环境下长大的孩子，学历再高，又能有什么用？我不担心他们的技能单一，我更担心他们在“园丁们”的呵护下长大的孱弱的身体怎能抵挡住人生旅途中的腥风血雨！他们那除了书包再什么也没有背过的肩膀怎能挑得起民族复兴的千斤重担！

读过高尔基的《海燕》吗？

同样面对暴风雨，海鸥、海鸭、企鹅、海燕，这些生活在海边的精灵们表现出了截然不同的态度：

“海鸥在暴风雨来临之前呻吟着，——呻吟着，它们在大海上飞窜，想把自己对暴风雨的恐惧，掩藏到大海深处。海鸭也在呻吟着，——它们这些海鸭啊，享受不了生活的战斗的欢乐：轰隆隆的雷声就把它们吓坏了。蠢笨的企鹅，胆怯地把肥胖的身体躲藏在悬崖底下……只有那高傲的海燕，勇敢地，自由自在地，在泛起白沫的大海上飞翔！这是勇敢的海燕，在怒吼的大海上，在闪电中间，高傲地飞翔；这是胜利的预言家在叫喊：——让暴风雨来得更猛烈些吧！”

当今社会，面对同样激烈竞争的生存氛围，同样压力巨大的成长环境，有的人像海鸥呻吟不已；有的人像海鸭惊恐万状；还有人恨不得把自己反锁在保险柜里。他们惧怕竞争，惧怕压力，在他们看来，每一次暴风雨的袭击，都将是一场灾难的降临。

唯独海燕，把暴风雨当作对生命的洗礼！

“与天奋斗，其乐无穷；与地奋斗，其乐无穷；与人奋斗，其乐无穷。”高尔基笔下的海燕，就是在这与电闪雷鸣、惊涛骇浪的搏击之中体味着生活的乐趣！

经历过大风大浪的人，能在蹚一条小河沟时产生压力吗？

在严酷的政治斗争中几起几落的人，能因为挨了几句骂就想不开吗？

走过两万五千里长征的人，会在乎再多走十里、八里吗？

所以，年轻的朋友们：你们中的有些人，为什么有点压力就觉得喘不过来气？其中一个很重要的原因，就是进入社会之前的这20多年遇到的坎坷太少、路走得太顺了。

成功人士之所以能够成功，就是因为他们经历过失败。

知道红药水的俗名为什么叫“二百二”吗？就是当初研制它的人，在经历了二百一十九次的失败之后，才换来了第二百二十次的成功。

要想使自己做到当遇到压力时不是躲避，而是迎击；不是恐惧，而是兴奋，那就赶快从温室里走出来，从“园丁们”的呵护下挣脱出来，勇敢地站到人生的大舞台上，去拼搏、去奋斗——就像高尔基笔下的海燕！

心理调适

心理调适，又称作心理调节。它是指用心理技巧改变个体心理活动绝对强度，降低或加强心理力量，改变心理状态性质的过程。

心理调适分自我调适和他人调适两种。

自我调适能力强的人，“抗压”能力就强；反之，“抗压”能力就弱。自我调适能力，不仅表现在面对压力是否具有心理调适的意识，还表现在你是否掌握了心理调适的技巧，比如认知结构调适、情绪调适、意志调适、注意调适、记忆调适等诸多的调适方法，并且当压力来临时能够灵活使用。

《阿Q正传》中的阿Q只要一挨打，就喊“儿子打老子”，他为自己减压的方式，就是典型的认知结构调适。

部队打了败仗，大家的情绪都很低落，这时，你站出来大声说：“遇到一点挫折，就垂头丧气，这还像男子汉吗？大家都振作起来，跟我一起唱首歌吧！”结果，在你的启发下，沉闷的气氛被高亢的歌声打破。这就是情绪调适的力量。

有个著名影片，全程只有一个演员汤姆汉克斯在表演，却精彩绝伦，那就是《荒岛余生》。主人公在影片中唯一的伙伴是一个破篮球，他给它取名叫威尔逊。一人一球，在一座荒岛上度过十数年光阴。他苦中作乐，和自己说话，和威尔逊说话，像《鲁滨逊漂流记》里的星期五一样，活成了一个孤独的野人。当他再次看到人烟的时候，激动地流下了热泪。如果没有强烈的求生意志以及想方设法为自己减压的热情，换一个人也许流落荒岛不出几个星期就死了。

中央电视台旅游频道常常播出的《荒野求生》栏目，也许是以此为灵感而产生的。主人公贝尔是一位英俊的美国小伙，他引领镜头展示如何在野外吃生肉、寻找可食用植物、防寒取暖、找水、逃避野兽，他展示了自己“无所不吃”的生存能力，网友每每以此调侃他。他每逢险境，总能以乐观的心态迎击挑战，表明他意志调适的能力很强。他独自一人，披荆斩棘，闯过多少艰难险阻，最终达成目标。他比鲁滨逊强的就是，当他孤军奋战时起码身边还跟着一个摄制组。但导演的要求是：非到万不得已，摄制组不得参与营救。

联想到若干年前中国工农红军，之所以能胜利地走完那史诗般的二万五千里长征，就是因为他们具有“万水千山只等闲”的常人难以想象的群体意志和乐观向上的豁达心态！

两个长途跋涉的人，结伴而行。走了许多的路，早已疲惫不堪。这一天，终于看到了目标，甲说：“怎么还有那么远？”乙说：“总算看到目标了！”结果，甲倒在了最后的那段旅途中；乙走到了预期的终点。甲为什么在最后倒下呢？是因为他的注意力仍然延续在那艰难前行的路上，而乙已将注意力转移到了越来越接近的目标上。

当遇到挫折，倍感压力时，唤起一段美好的记忆，能够大大减轻我们心中的压力感。

他人调适对于有效减轻一个人的心理压力同样重要。当你遇到压力时，没有人理会，得不到周围人及时、有效的帮助，你就会感到压力越来越大。反之，看到你有压力，不管来自工作中，还是生活上，都有人主动听你诉说、帮你排解，你的压力就会大大减轻。

所以，在团队中营造团结互助的组织氛围，对于舒缓、降低团队成员的压力感起着至关重要的作用。

企业的疏导机制

我曾听过这样一个故事：国外一家IT企业，青年员工很多。为了使他们在健康、愉悦的环境中工作，老板在写字楼里设立了健身房、阅览室等体育文化设施。此举受到青年员工的普遍欢迎。

一次，中层干部会上，办公室主任反映的问题引起了老板的关注，他说：“最近两年，公司进的年轻人很多。他们有朝气，工作热情高。但是，不愿意受规章制度的约束，经常因为不守纪律挨批评。事后，经理们又因为工作太忙，往往不能及时找他们沟通，化解冲突。致使干群关系比较紧张。”

老板听后，沉思了一下，对办公室主任讲："你带我到健身房去看看。"

会后，办公室主任带老板去了健身房。老板指着几个练拳击的沙袋，对办公室主任说："你去把这几个沙袋做成几位经理的模样，做好后，还挂在这里。"

办公室主任照着老板的意思做了。

后来，这家企业的年轻人，有的白天在工作中挨了领导的批评，心里不服气，下班就去健身房。对号入座地找到画着那位领导模样的沙袋，戴上拳击手套，痛快淋漓地边骂边打，把白天训他的领导"狠揍"一顿。

怨气消了,心情平和了。第二天，见到这位领导，倒觉得不好意思，直跟领导说"对不起"，反倒搞得领导莫名其妙。

我举这个例子的目的，不是说我提倡这种做法，况且我们今天所探讨的是作为员工怎样舒缓工作压力的问题，而不是作为组织如何建立疏导渠道的问题。我只是想告诉青年朋友，要在清晰认知压力从何而来的前提下，根据自己的工作环境、性格特征、生活习惯、表达方式为自己建立起一套健康、有效的压力宣泄与疏导机制。

那么，压力到底是什么？压力来自何方呢？

庖丁解牛：工作压力的来源

刘总是一家生产型企业的总经理，平时工作尽心尽力，忙得不亦乐乎。一次，由于一次恶性事故，表面处理车间从国外进口的刚刚投入正常运转的两条电镀生产线烧得荡然无存，致使该企业连续两年亏损。他为此消极悲观，怨天尤人，时常发脾气，动辄训人。几个月下来，他开始感到没有力气，上楼举步沉重，体重逐渐下降。妻子劝他就医，反遭训斥：“我吃的比过去还多，何必大惊小怪！”一天下午，他突然昏倒在办公室，被急送医院。后确诊为糖尿病，合并酮症酸中毒。

这个故事告诉了我们一个很重要的概念：

压力是对于健康的重大挑战。

压力是什么呢？

压力是指当人们认识到威胁或者无法应对的情况时所产生的生理和心理状况。当你意识到威胁和挑战的时候，你的身体就会让你体验什么叫做压力。而压力诱发因素，是指带来压力的内部或外部力量。

工作压力的症状和后果可以分为4大类：生理、心理、行为和工作绩效。伴随压力而出现的工作绩效变化是其他3类症状和后果的副产品。

工作压力的直接来源可以归纳为以下五点：

1. 重大的人生或工作变故

被迫改变生活方式会产生压力。改变的程度越大，改变的时间越短，因为压力而导致身心失调的可能性就越大。比如突然失去亲人，突然遭遇车祸受到重伤，突然身患绝症，突然被人陷害陷入窘境等等。

2. 角色冲突和角色模糊

角色冲突是指必须要在相互矛盾的需要或者期望之间作出选择的情况；角色模糊是指工作职责没有清晰界定，或者在工作中收到让人混淆的指令的情况，比如员工负责的项目需要同时向两个不同部门的领导汇报工作，但这两个领导的要求和需求重点不同，给这个员工的工作进展造成干扰。

3. 角色负荷过重或过轻

角色负荷过重是指有太多的工作要做，长期承担过重的工作负荷，使人因此疲惫不堪，降低应激能力，无法忍受纷扰和刺激或者使人感到整天疲于奔命，逐渐丧失管理自己和驾驭工作的信心和能力。

人们通过富有成效的工作可获得两个正面的心理感受，一是自我价值的实现；二是在工作中赢得自尊。如果角色负荷过轻，整天无所事事，个体就会产生自卑，甚至怀疑自己在团队中存在的意义，担心自己不知哪一天在公司里就没有存在的价值了。

4. 工作缺乏安全感

企业兼并、精简机构、竞争上岗、业绩考核、人事调整等等不确定因素的增多，使得人们对于工作普遍缺乏安全感。这在公司遇到重大转折的时刻，比如高层频繁变动，大规模裁员时表现的尤为突出。

5. 恶劣或不习惯的环境条件带来的压力感受

嘈杂的环境会使人心绪不宁；纷乱的环境会使人难以专注；肮脏的环境会使人担忧健康；人们在新环境与习惯了的旧环境的对比中会产生负面感受。总之，恶劣或不习惯的工作环境带来的最直接的心理压力，就会表现为使人缺乏安全感。

从宏观上讲，造成心理压力的外部因素则更多。

比如：异常激烈的职场竞争、日益加剧的贫富差距、高速发展的社会经济、日益蔓延的贪腐之风、普遍存在的信仰危机、日见尖锐的结构性矛盾，带来的是病态社会心理在人群中的滋生和蔓延，这些对初入职场的员工都会产生负面影响。

那么，我们如何有效地舒缓压力，轻装前进呢？

针对入职不久的青年员工，我在下面将教给大家有效舒缓工作压力的几个方法。

要学会活得更轻松：有效减压有六招

第一招：别看啥都不顺眼，其实原因就一点

在你的生活经历中，是否曾有这样的心理感受：这段时间感觉压力很大，不愉快的事情接踵而至，似乎许多人、许多事都成心和你过不去，搅得你心烦意乱。

当这种心理感受占据了你的几乎全部感觉空间，使你无所适从的时候，我告诉你怎样才能“放下包袱，开动机器”——

毛泽东在《矛盾论》中有一段经典论述：

“任何过程如果有多数矛盾存在的话，其中必定有一种是主要的，起着领导的、决定的作用，其他则处于次要和服从的地位。因此，研究任何过程，如果是存在着两个以上的矛盾的复杂过程的话，就要用全力找出它的主要矛盾。抓住了这个主要矛盾，一切问题就迎刃而解了。”

当你感觉到自己处在巨大的压力环境中喘不过气来，这时，请按

以下四步来做：

第一步，先将自己的情绪调整到冷静的状态。

第二步，认真想一想，曾经或最近发生在我身上或我周围的那么多不愉快的事情中，最令我挥之不去的是一件什么事情？把这件事情找出来！

第三步，认真梳理这件事情的每个细节，找出烦恼的根源。当遇到“剪不断，理还乱”的情况时，就去请教和这件事情无关的比自己明白的人。

请记住：一定要请教和这件事情无关的人，这一点很重要！

第四步，找出根源，对症下药。

完成了这四个步骤，问题就会得以解决，压力就会随之而去。

这时，你会顿悟：

原来不是没有阳光，而是因为你总低着头；不是没有绿洲，而是因为你心里不清楚把沙漠变成绿洲该从哪个环节入手。

学会了这样的思维方式，你会发现：

其实，在绝大多数情况下，改变一种状态，无须对自己作全面的、重大的调整，只需在对某个事情的某个细节的处理上做一点实质性的改变就足够了。

有句话说得好：当上帝在为你关闭一扇门的同时，必定会为你开启一扇窗。

世界首富比尔·盖茨、股神巴菲尔、科学奇才霍金、阿里巴巴总裁马云、著名武打明星成龙、写出《假如给我三天光明》的海伦·凯勒……这些人都不是完美的人，甚至不如常人，却做出了常人难以企及的贡献。试想，如果失明的海伦·凯勒想不通自己为什么看不见光而整日自卑哭泣，霍金因为不能说话行动就自暴自弃，马云因为一开始找投资碰壁就沮丧放弃，他们会有后来所展现出来的备受敬仰的形象吗？同样的条件，为什么只有他们能创造出奇迹？因为他们都具有一种特质：就是懂得把自己的长处发挥到极致。所以他们没有被大大小小的困难和压力所吓倒，坚持努力之后，命运也就改变了。

第二招：要想压力小，就得多历练

对于同一件事，人们的压力感受却有天壤之别。

一天，老板交给你一项工作：利用暑期将没休年假、家里又有孩子的员工组织起来到上海集体五日游。

接到这个任务后，你感觉压力很大：第一，我是新员工，环境、人员都不熟；第二，从来没有组织过这么大型的活动，能否干好？心里没把握。

你把自己的担心告诉了办公室主任，他却很轻松地说：“这有什么难的？”

为什么你为此愁眉不展，而办公室主任却不以为然？

其实原因很简单：这样的活动，他已组织了不知多少次，早已轻车熟路；而对于你却是一个全新的挑战。

一个经历过“九九八十一难”的人，不会在乎再多一“难”或少一“难”；

一个走过两万五千里长征的人，不会拿再多走十里、八里当回事。

青年人有的是知识和体力，缺乏的是经验和历练。

要想使自己从容应对压力，积累经验是关键。

为什么毛泽东在四次反围剿中能够屡战屡胜？

为什么诸葛亮三尺瑶琴竟能喝退司马懿15万大军？

这叫“决胜于千里之外，运筹于帷幄之中”。要学得这样的本事，第一，要敢于面对挑战；第二，要在干中学，在学中干；第三，要勤于、善于随时总结教训与经验。

为什么画家能三笔两笔勾勒出生动的画面？为什么作曲家能将自己对于人生的感悟谱写成美妙的乐章？为什么体操运动员能轻松地跳跃旋转360度？因为他们日复一日地练习，让他们的身心都对自己所从事的工作产生了默契的反应。

当你熟能生巧，举重若轻之时，压力感自然就减轻了。

第三招：不把工作带回家，给自己留一个“避风的港湾”

到了下班时，感觉到精疲力尽。但是，手头的工作还没做完。

每当遇到这种情况，我的做法是：宁可加会儿班，也不把工作带回家。特别是当工作的难度较大，或者头绪较多，使你有较强压力感的时候。

缓解压力的关键在于——从压力情境中走出来。

换一个环境，本来是为了通过转移注意力的方法舒缓压力。但是，如果你走到哪儿，就将压力带到哪儿，久而久之，就会养成一个不好的思维习惯：无论情境怎么变化，烦心的事儿老是跟着人走。

每当我工作压力大，头绪没理清的时候，就把手里的活儿先放一放，喝杯饮料，翻一翻《参考消息》，在办公室里走一走，作一作深呼吸，活动活动身体。这时就会觉得头脑清楚多了，再拿起手里的工作，把它做完。然后，轻轻松松地回家。

不可避免的是，现在很多公司都习惯性地让员工加班，工作量太大，不加班就干不完，特别是在一些高薪高压力的行业。当不加班就会失去饭碗的时候，或者你的健康和精力还允许的情况下，可以借此适度锻炼自己，或者以恰当的方式申请增加帮手或分散任务给其他人。如果实在不能承受压力，就要考虑换工作了。毕竟身体健康是一切的根本，如果高薪换来的最终是病痛，那就得不偿失了。

说到底，你是为了自己的生活和梦想而工作，为了实现个人价值而工作。接受现实是自省能力的一部分。当你接受工作的全部，明白工作不可能处处随你所愿，知道工作环境中，不只有益处和快乐，也有痛苦，误解，不满足，不自由，你的压力反而会减轻。

第四招：发展自己的兴趣爱好，学会转移或释放压力

人生有十二种财富：积极的精神态度；良好的体格；人际关系的和谐；脱离恐惧；未来成功的希望；信念的容量；与人分享自己的幸

福的愿望；热爱自己的工作；对所有的事物有开放的内心；严于自律；理解人的能力；经济保障。

工作首先是谋生手段，其次是实现终极梦想的跳板，而不是一个人的一切。但也正因为如此，更要正视工作的价值和意义，要做个有价值的职场人，同时也不能成为工作的奴隶。试想，一个人如果除了工作就没有其他的兴趣爱好，他的人生将会错过很多收获。

我在步入职业生涯初期的时候，正值“文革”的动乱年代，遭遇到很多本不该在我当时那个年龄遇到的困惑与疑虑。那时候，没有人给我上“压力管理”的课，也没有人能够解开我心中的疑团。虽然很年轻，却经常感觉压得喘不过气来。

我在多少次痛苦地思索之后，逐渐地意识到：苦恼没有用，也不要指望着谁能在你需要“解惑”的时候，正好拿着一把金钥匙，走到你的跟前，帮你打开心结。

要想让自己活得愉快，还是应该像《国际歌》里唱的那样：“从来就没有什么救世主，也不靠神仙皇帝，要创造人类的幸福，全靠我们自己。”

所以，第一，要坚强；第二，得乐观；第三，培养自己广泛的兴趣爱好。于是，我就从自己熟悉的、喜欢的、条件允许的、能力所及的事情做起：我喜欢书法，就利用一切能找到的废旧纸张练字；我喜欢参加集体活动，就主动把身边的青年朋友组织起来，投身到各种有益的活动中去；我喜欢朗诵演讲，就把发生在自己身边的事情提炼出来，通过学习和实践把自己充实起来，走上讲台，走上荧屏，去讲课、去表演。我觉得随着年龄的增长，活得越来越充实。

当你充实了，压力感自然就减轻了。

当你充实了，心胸自然就豁达了。

青年朋友们：不管你的性格内向或是外向。你总有自己喜欢做的事吧？只要你喜欢的是健康的、有益的，你就把它做起来。一个热爱生活的人，一个充满激情的人，不可能整天生活在悲悲切切之中。

孔子在《论语》中说：“君子坦荡荡，小人常戚戚”。我们不仅要爱生活，还得要会生活。要清楚什么是生活当中应该关注的，什么是生活当中应该摒弃的。要学会发展自己的兴趣爱好，有效地转移或释放压力。

第五招：有适合自己的宣泄方式

道光帝任命林则徐为巡抚，到广东去禁烟。上任后不久，林则徐就感到这个差事不好干，洋人、官员、地痞流氓、黑社会勾结在一起，吃喝嫖赌贩大烟，很难理出个青红皂白来。林则徐本来就是个有脾气的人，面对这样艰难复杂的局面，他经常为此烦躁不安、彻夜难眠，精神压力很大。于是，他就在巡抚衙门自己的官案背后的墙上挂了一块大匾，上书两个醒目的大字“制怒”，又在官案上一字排开，摆放了四个青瓷的盖儿杯。每当他突然听到一个坏消息，怒火中烧时，他就强迫自己绝不马上做出反应，而是先回头看看高悬头顶的“制怒”二字。如果“火”还压不下去，就抓起一个瓷杯，狠狠地摔在地上。假若“气”仍未消，就接着摔第二个瓷杯，直到“消气”为止。

摔杯消气就是林则徐宣泄压力的最有效方式。

其实在生活中，我们每个人都可以选择一种自己认为最有效的宣泄方式。你的爱好通常就是最好的选择。比如：有的人用跑步，有的人用骑自行车减压，有的人用打游戏来分散注意力，有的人用照顾宠物的方式安抚自己。有的人是到KTV去唱歌，放喉高歌两个小时，就感觉轻松多了；还有的人是到健身房去打沙袋，把沙袋想象成自己“仇恨”的对象，拼命地打它一通，打得自己出一身大汗，再洗上一个热水澡，立刻感到神清气爽、“烟消云散”。

有一个“踢猫效应”的故事，是这样讲的：

一位年轻的女士，养了一只猫。白天上班，她把猫锁在家里，猫很孤独。

每当傍晚下班回到家，一开家门，猫就立刻扑到她的怀里。

这一天，总经理遇到了烦心的事，就借故把部门经理骂了一顿。部门经理受了委屈，就借故将委屈撒在了业务主管的身上。业务主管越想越别扭，正愁没地儿“撒气”，年轻女士来向他汇报工作。于是他就在年轻女士的工作中找了个茬儿，劈头盖脸地教训了她。教训完人，业务主管觉得心里舒坦多了。

年轻女士明知自己当了上司的出气筒，却不敢反驳，觉得很窝囊。

她也想效仿上司的做法，找个职位更低的骂一顿，但是不行，她在公司里已经是最基层的员工了。

她带着满腹的委屈和怨恨回到了家。

刚打开家门，猫像以往那样“喵喵”地叫着向她扑来。“烦人的东西！”她一边骂着，一边抬脚就将猫狠狠地踢到了屋子的墙角。

过了一会儿，心情平复得多了，她想起了猫。

猫颤抖着身体，蜷缩在墙角。

她觉得对不住猫，走过去想抱起它来。这时她才惊奇地发现，猫的眼里流着泪。

从那天起，猫没有了以往对她的依赖，每当她走近猫时，猫就立刻跑开。

几天之后，猫走了，再也没有回来过。

宣泄的方式有很多，哪种方式最适合自己，哪种方式最有效，就采用哪种方式。只要做到不殃及他人就可以了。但是，用破坏社会环境或将自己的怨气“转嫁”到别人身上的不道德的，甚至是违法的方式来为自己减压，是我们所不提倡的。

第六招：必要时，寻求心理援助

寻求心理援助，其实是一个借助专业人士调节情绪、舒缓压力，指导自己建立科学的思想方法的有效手段。

这一方法的广泛使用，在西方早已司空见惯，不足为奇。而对于我们大多数的中国人，却至今仍有大力推广的必要。因为在我们长期积淀的文化中，含蓄、内敛、不张扬，始终被认为是中华民族优秀品质的一部分。大多数的中国人不大愿意将自己内心深处的想法轻易暴露给陌生人。虽然近年来随着中国和世界的不断融会，许多人已敢于打开心扉，畅所欲言。但是，不少的心理咨询机构、医院里的心理门诊仍然是门可罗雀。

为什么青年人更容易困惑？因为他们涉世不深，积累的生活经验太少。过于理想化的思想认知和严酷复杂的社会现实之间产生的矛盾冲突，往往使他们感到猝不及防。

带着母亲的体温，降生到这个世界，首先体会到的是家人、老师精心的呵护与培养。人生的前20多年几乎生活在“无菌”的环境中。但当完成了学业，步入了社会，自己所面对的不仅是展示自我、完善人生的大舞台，更是一个尔虞我诈、明争暗斗的竞技场！

这么强烈的对比与反差，不出心理问题才怪！

现在心理辅导、心理矫正、心理治疗的方法很多，也很奏效。

有了心理问题找心理咨询师，有了心理疾病找心理医生，总比自己冥思苦想的好；也比在人民大学东门桥底下蹲在算命先生对面听他相面靠谱；更比花上好几千块钱听世界级的著名大师“传经布道”更容易解决问题。

在接受心理咨询时，要如实地将自己的疑惑和自己认为的不良心理感觉告诉咨询师，千万不要因害羞而难以启齿；不要因担心暴露隐私而遮遮掩掩；不要顾及“尊严”而避重就轻。因为只有将最完整、最真实的信息告知咨询师，才能得到最正确的诊断，也才能最有效地解决你的心理问题。

适应环境，调适心态的过程，其实就是一个人成长的过程。

孔子说：“三十而立，四十而不惑，五十知天命，六十而耳顺，七十而从心所欲。”就是告诉我们，一个人在一生的心路历程中所要经历的从成长到成熟的过程。

第六章
要让周围的人尊重你：怎样成为有风度的人？

张玮说：

职场达人有“三度”：风度、气度、尺度。

风度指人的言谈举止、姿态；气度指人处人处事的胸怀有多大；尺度指人审时度势的能力。

同时兼有这“三度”，在团队中就会成为被尊重、被信赖的人。

风度由修炼而成

由于工作关系，近30年来我和周光召院士有过多次接触，在他的言谈举止之间透露出温文尔雅的学者风度，令人钦佩不已。

易中天先生曾在《品三国》（下）之“猇亭遗恨”中提到过：“其实，陆逊不是书生而是儒将”。”三国时期，东吴的周瑜和陆逊可以说是儒将中的典范。周瑜才智高超，善音律，雅量高致，不同于一般武将的生猛硬派，赤壁之战，利用火攻，大败曹操。陆逊年少饱读诗书，21岁出仕，侍于孙权幕府，后担任军职，一展其军事才能。后于彝陵之战中大败刘备。其后又被孙权拜为丞相，完成出将入相的升华。其二者，皆具有儒将风度。

汉武帝刘彻、汉光武帝刘秀，现代伟人斯大林、毛泽东，虽在有些历史事件的处理上颇具争议，但几乎无人否认他们所表现出的非凡的领袖风度。

我们常说的“干什么要像什么”，这个“像”指的就是风度。看他言谈举止，就像个学者，比如周光召；看他言谈举止，就像个大领导，比如毛泽东。“像”能带来信任；反之，若“不像”，就难以取信于和你共事的团队成员。

“像”，其实就是指你的角色表现要和你所扮演的职业角色相匹配。

那么，怎么才能做到“像”呢？

《红楼梦》里有这么一个片断：

黛玉初到贾府，没见过这么大的场面，也没经历过这么多的规矩。吃完饭后，丫鬟们鱼贯而入，递给每人一碗水。“这水是让喝呢，还是让漱口呢？”黛玉思忖着。为了不在姐妹们面前出丑，她有意让自己的动作慢“半拍”，用眼睛的余光看看坐在对面的姐妹接过水来，漱漱口，再吐到丫环递过的痰盂里，她就跟着学。由于黛玉表现得娴熟而文雅，谁也没看出她的不知所措来。

但是，学出来的“像”，还只是形似，而不是神似。

要做到神似，还必须深入了解你所处的职场氛围，深刻认知你所扮演的角色内涵，不断提高自己的品位和修养。

第一面真的很重要

庞统第一面见刘备，因为他长得其貌不扬，没给刘备留下什么好印象，就被打发到张飞属下去当了一个小县令。

和珅第一面见乾隆，乾隆将这年轻人上下打量了一番，见他“天资聪颖，仪表俊雅”，“似曾相识”，聊了没几句，就封了他个正五品的三等侍卫。

我们将面试中仅凭第一印象就判断一个人好坏优劣的这种“相面”式的考核方法，称之为“首因效应”。

从理论上说，谁都明白，应当进行科学的素质考核，不应当凭印象判断一个人。但是，在现实生活中，往往人们容易以貌取人。

这里说的“貌”有两层意思：一是长相；二是言谈举止、穿着打扮。

前些天，我所在的公司招聘学自动化的硕士毕业生，我做面试官。当一个小伙子走进考场时，着实让我吃了一惊，他居然穿了一条便装短裤！这是我“有史以来”见到的第一位穿短裤来应聘的人。还没聊上一句话，我就已经决定不考虑录取他了。

还有一次，我和另一位老总面试一位博士，当这位老总就一个技术问题同应聘的博士进行交流，表达了不同看法时，博士竟然指着我们这位老总连声说："你错了，你错了，你完全错了！"我实在看不过去，就批评他："你怎么能这样跟面试官讲话？"他却不以为然地对我说："我平时就这习惯。"

当然，我们没有理由要求别人改变他多年养成的语言习惯。但是，我们有理由要求人与人之间应当保持起码的相互尊重。最终，这位博士我们也没有录取。

当你走进职场的第一天，无论是到应聘单位面试，还是接到录取通知书后的第一天上班，由于不了解这个单位的习惯与文化，或着装要求与言谈举止的行为准则，你可能不知道该穿什么衣服去，不知道见了人该怎么打招呼，不知道自己怎么做才能给人家留下一个好的第一印象……

当你有这么多的"不知道"的时候，按照下面所说的这几条去做，你就会得到好的"首因效应"：

第一，男士外穿深色西服套装，内着白色衬衣。打领带，但领带的颜色不要艳丽。女士穿西服长裤或正式一点的裙装，以端庄大方为原则。脚穿深色软底皮鞋，以免踩在木板地上嘎嘎作响。袜子的颜色要深一些，千万不要穿白色袜子，如果穿裙装，一定要注意丝袜的整洁和完整，不能有破洞和污渍。衣服的质量不能太差，否则会皱皱巴巴。

第二，女士不要化妆，或只化淡妆。发型要和自己的脸型、气质相匹配，不要做那些彰显个性的发型，尤其造型夸张的烫发、不要将黑发染成黄色、红色、棕色等。

第三，不要戴头饰、耳饰、项饰，但可以在上衣左侧的开领上戴一枚造型雅致、色泽单一的胸针，胸针不要太大，长型为宜。

第四，见到任何人的问候语都是“您好”，得到帮助或关照的任何回应都是“谢谢”。

第五，当不知道对方的职位时，一律称呼“老师”。

第六，交流时无论对方将你和他的关系拉得多近，绝不与对方开玩笑。

第七，所有的动作，如接杯子、递东西、拉椅子、整理资料、开门关门等都做到轻、稳、准。

第八，离开时，记着说声“再见”。

谁先主动伸出手

无论是在职场上，还是在平时人与人之间的交往中，握手都是不可或缺的、经常发生的礼节。

握手礼来源于原始社会。早在远古时代，人们以狩猎为生，如果遇到素不相识的人，为了表示友好，就赶紧扔掉手里的打猎工具，并

且摊开手掌让对方看看，示意手里没有藏东西。后来，这个动作被武士们学到了，他们为了表示友谊，不再争斗，就互相摸一下对方的手掌，表示手中没有武器。随着时代的变迁，这个动作就逐渐形成了现在的握手礼。

入职后的第一天，你的主管领导带着你，到各部门去认识将来要共事的领导和同事，当主管领导把你介绍给大家后，你为了表示对“前辈们”的尊重，往往会主动伸出手来，和大家一一相握。你觉得这一举动妥当吗?

工作中，你去拜访客户，客户是一位气质高雅的中年女士，对这位年长的异性客户，你迟疑了一下，“我应当主动跟人家握手吗？”

我们经常会遇到这样的情况：见到同事、朋友、女士、长者、领导、客户时，到底应当谁先主动伸出手呢?

一一区分，过于繁琐。只需记住一句话：行握手礼之前，首先判断谁是“尊者”？因为尊者具有握手的决定权。

比如：你刚刚进入到一个新的团队，是一位“新人”，那么在这个团队中，对你而言，“老人”都是尊者，当然他们具有握手的决定权。

你去拜访客户，是你求人家办事，自然客户是尊者，人家具有握手的决定权。

为了表示对女性的尊重，女性具有握手的决定权。

为了表示对长者的尊重，长者具有握手的决定权。

为了表示对领导的尊重，领导具有握手的决定权。

若是两个同性、同辈、职级不相上下的朋友见面，就不必计较许多，谁先伸出手也就无所谓了。

在行握手礼时还要注意以下几个问题：

不要用左手相握，尤其是和阿拉伯人、印度人打交道时要牢记，因为在他们看来左手是不洁的。

在和基督教信徒交往时，要避免两人握手时与另外两人相握的手形成交叉状，这种形状类似十字架，在他们眼里这是很不吉利的。

不要在握手时戴着手套或墨镜，只有女士在社交场合戴着薄纱手套握手，才是被允许的。

不要在握手时另外一只手插在衣袋里或拿着东西。

不要在握手时面无表情、不置一词或长篇大论、点头哈腰，过分客套。

不要在握手时仅仅握住对方的手指尖，好像有意与对方保持距离。正确的做法，是要握住整个手掌。即使男士与女士握手，也要握住前半个手掌，但要轻握。

不要在握手时把对方的手拉过来、推过去，或者上下左右抖个没完。

不要断然拒绝和别人握手，即使有手疾或汗湿、弄脏了，也要和对方说一下“对不起，我的手现在不方便”，以免造成不必要的误会。

介绍礼仪知多少

今天是你的生日纪念日，十几位昔日的大学同学相聚你家，向你祝贺生日。父母为了给你一个惊喜，突然造访。看到你的父母，同学们都立即迎了上去。这时的你显得有些局促：是先将同学们一一介绍给自己的父母认识呢？还是先将父母介绍给同学们？

你大学毕业后，应聘到某家贸易公司工作。一天，你陪着自己的上司去拜访客户，当他们两人相遇时，你是先将客户介绍给上司呢？还是先将上司介绍给客户？

你和一位同龄男性朋友正在咖啡店里边喝边聊，突然一位年龄相差不多的女士来到你们身边，你是先将男性朋友介绍给女士呢？还是先将女士介绍给男性朋友？

每当遇到上面所说的这些情况，有一个简便易行的法则可以给你的决定提供依据，这就是：判断一下谁有优先知情权。

对于同学们来说，长辈有优先知情权，所以，在生日聚会上，应当先将同学们介绍给自己的父母。

对于你所供职的公司来说，客户有优先知情权，所以，应当先将上司介绍给客户。

对于年龄相仿的异性朋友来说，女性有优先知情权，所以，在咖啡店里相遇时，应当先将男性朋友介绍给女士。

无论是在中华文化中，还是在世界文明中，始终强调长辈优先、上级优先、客人优先、女士优先、“外人”优先、“生人”优先。所以，一般情况下，无论是介绍他人还是做自我介绍，都应当是晚辈、下级、主人、男士、“内人”、熟人先主动向对方介绍自己。

介绍时要注意以下几点：

第一，准确。比如将本公司主管企业规划的副总裁刘总介绍给客户：“这位是我公司主管企业规划的副总裁刘总。”这样表述就准确无误，言简意赅。

在礼仪实践中，表述不准确，是许多人常犯的错误。比如，将刚才对刘总的介绍说成：“这位是我们公司企业规划部的刘总”，将刘总从副总裁“降到了”部门经理。不仅给客户传达了一个错误的信息，也会使刘总不高兴。

不准确的原因大致有二：其一，自己也没弄明白你要介绍的人到底是什么职务；其二，没有意识到在礼仪场合准确地表述被介绍人的身份，是体现你自己和你所供职的单位文明程度和科学管理水平的一个重要标志。

第二，简洁。当一个人有许多头衔，如何向他人介绍呢？

关键要看场合与对象。如果是向客户介绍自己的老板：“这位是我们公司的王军总经理”，一句话就可以了。如果是在某一次学术会议上介绍自己的老板：“这位是我们公司的王军总经理”，还应当加上一句：“王总还是著名的建筑学专家，中国建筑师协会的副理事长。”当然，后边的这句得是真的。

日常生活中，为了抬高被介绍人的社会认同度，甚至为了讨得被介绍人高兴，不管有用没用，也不管实的虚的，介绍一大堆繁杂的头衔，这样的现象比比皆是。

其实，你介绍那么多，听的人也记不住。行为心理学告诉我们：当人们在单位时间里获得了相当多的信息，他的大脑就自然启动了选择记忆功能，只记住他认为最重要的。再说，现在人们在交往中，尤其是在职场上，除了口头介绍之外，往往还互递名片，上面的职务、头衔都写得很清楚，客人拿到名片，一目了然，何必你罗嗦那么多。

第三，顺序不乱。在同一个场合，介绍几个人与另外几个人相互认识，最容易出现顺序混乱的局面。比如，你介绍唐僧师徒四人与牛魔王一家相互认识，时间短暂、主宾混杂、人物众多、身份不一，介绍人最容易犯的错误就是“赶上谁说谁”。这会让主宾双方都感到你手忙脚乱，素质和能力有待提高。

遇到这种情况怎么办?

一、先稳住神，将这两家人的主宾关系理清楚：是唐僧师徒到牛魔王家拜访，还是牛魔王一家到驿馆去拜访唐僧师徒？如果是唐僧师徒到牛魔王家拜访，就应当先将唐僧师徒介绍给牛魔王一家认识，反之亦然。

二、介绍的顺序依次是：唐僧长老、大徒弟孙悟空、二徒弟猪悟能、三徒弟沙悟净。对牛魔王一家介绍的顺序依次是牛魔王、牛魔王的夫人铁扇公主、牛魔王的公子红孩儿。

三、介绍他们认识时，你别挡在中间，使人家主宾双方谁也看不到谁，想互相握个手也够不着。

互赠名片讲究多

互赠名片已成时尚，尤其是在公众场合。这一递一接，就能看出一个人的品位来。

先说递名片，如果对方是中国人，一定要将中文的一面向上递给对方。文字要向着对方，切勿向着自己，让人家接过名片，看到的字是倒的，那不像话。

再说接名片，要双手接，接过来后切勿看都不看，直接塞进兜里。如果是在会场、办公室，接过名片后，当着对方的面认真看一看，然后放在自己座位正前方的桌子上，放一段时间后再收起来。离开时记着将桌上的名片全部带走，切勿落在会场上。

当双方同时向对方递出名片，你务必要先接后递。

接打电话有学问

吃完午饭，刚躺下想休息一会儿。电话铃声响了，我忙起来接，“午休时来电话，必有急事”，我想。

“先生您好，我是房屋中介的小吴，您有多余的房子要出租吗？”

我强忍着愤怒，尽量用平静的语调说：“谢谢，我没有这方面的需求。”

已多次接过这位“小吴”的电话，甚至有一次是在晚上10点打来的，我告诉他今后不要在别人睡觉时打电话，他却在电话的那头惊讶地问我：“您怎么这么早睡？”

我无语了！要想揽到生意，先得让客户不烦你。对于销售人员来说，这么浅显而又重要的一个道理，房屋中介公司在做培训时竟然没有讲到。

公务电话，尽量不要在对方休息时间打，除非以下两种情况：

一是事情紧急不得已；

二是事先约好了通话时间。

接打电话还有以下几点要注意的问题：

一、电话铃声响三下，必须接听，除非来不及。

二、拿起电话头三句，应当说是规范用语：第一句问候，第二句自报家门，第三句询问事由。比如：“您好，××公司，请问您找谁？”

三、如果接到打错的电话，不要向对方发脾气，不要表现出很不耐烦。虽然现在“骚扰”电话确实很多，但在我们清晰判断之前，还是应当礼貌回应。

四、接到打给同事的电话，而这位同事又恰巧不在，应当礼貌地告诉对方：“请您留下您的联系方式，等他（或她）回来后，我请他（或她）主动跟您联系。”但要注意：在未经同事同意之前，切勿将同事的电话号码，特别是住宅电话或手机号码告诉对方。

五、通话结束时，应当谁先挂掉电话呢？当然应当是长者、领导、女士、客人……

穿出品位来

一次，我和女儿一起到人民大会堂去看俄罗斯国家芭蕾舞团的《天鹅湖》，这是女儿工作之后第一次用自己的钱请我看演出。下午两点多钟我们就从家出发了，女儿说，参加这样高雅的艺术盛会，应当穿西服正装。她让我陪她到商场买西装。

晚上，我和女儿西服革履的走进了人民大会堂。但是，随后映入眼帘的一幕幕极不协调的情景令我和女儿倍感沮丧！有穿着前胸后背都画满了各种图案的圆领短袖汗衫来看演出的；有手里拿着蒲扇，脚蹬塑料“凉拖”，左摇右晃地步入剧场的；还有一位妇女抱着一个小男孩，而小孩的上身居然什么也没穿。女儿苦笑着跟我说：“爸，咱们为看一场戏，专门买套西装，现在看来真是多余了！”

我们全家经常利用假期去国外旅游，尤其到了发达国家，咱们大陆游客中一些人的衣冠不整，确实有损于我们在国际上的形象。

得体的穿着，不仅是为了取暖遮阳，它还体现了你的良好素养和完美的外在形象，以及你对他人和社会的尊重。所以，不同的场合，穿不同的服装，甚至搭配不同的配饰，都是很有讲究，并且应当讲究的。

比如：当出席宴会、招待会、发布会或作报告、授课、接待贵宾或听音乐会等正规的礼仪场合、公众场合应当穿西服正装。

上班着装应当随单位要求和工作性质而定。甚至某些单位或某些单位的某些岗位出于安全的考虑，对员工上班着装还有极其严格的规定。

男士职业着装有以下几个需要注意的地方：

不要过于注重款式和色彩，应更多地注重质地与做工。

若穿品牌服装，必须品牌一致。

衬衣、领带、西装不可选用同一颜色。

衬衣袖口一定要长于西服袖口。

穿西服套装，切勿穿白色袜子。

不可穿短袖衬衣打领带。

上班或礼仪场合不可穿露空凉鞋。

女士职业着装需要注意：

款式和色彩选择上以简洁大方为原则，注重服饰质地与做工。

选择长裙或套裙，长度应过膝。

上班时不宜穿超短裙、袒胸露背的服装、镂空凉鞋。

袜口须被裙子的下摆盖住。

当裙子面料太薄时，一定要有内衬。

袜子里面不能穿保暖长裤。

坐下或蹲下时要注意双腿并拢。

不要在公共场所提拉下滑的袜子。

衣服的款式、色彩、图案的搭配都要“扬长避短”。

吃出格调来

如果一个人活80岁，大约得吃87600顿饭。吃饭这件事和人的关系太密切了。吃饭有两个特点：第一，在这87600顿饭中绝大多数的饭是和别人一起吃的。第二，每顿饭都是由一系列的动作完成的。

由于这两个特点的存在，决定了我们必须强调吃饭的规矩。否则，你在吃饭时的不文明举动就会影响到他人吃饭。比如：用餐时大声喧哗，就会吵得他人吃不好；你把自己喜欢吃的东西都放进自己的碗里，他人就会吃不到；你用自己的餐具给别人夹菜，就会将自己口中的细菌带到别人的盘子里；你喝酒喝得醉醺醺或边用餐边吸烟，就会污染他人的用餐环境等等。

所以，吃出格调来，不仅能提升自己的形象，还有益于他人的健康。

那么，在用餐时，尤其是在商务场合、公众场合用餐时，就需要注意以下一些问题：

不用自己的餐具给别人夹菜；

不“挥舞”着餐具讲话；

咀嚼饭菜或喝汤时尽量不发出声响；

经常用餐巾纸擦嘴；

正确摆放西餐具；

再爱吃的食品也要适量；

用餐时不大声讲话；

不过量饮酒，以免失态；

一般不在用餐时吸烟，若要吸烟，需征得大家同意。

文明人要有文明举动

去年春节，全家人去澳大利亚。同行的旅行团里有一对夫妇带着一个七八岁的男孩儿。游览悉尼的路上，男孩儿说要撒尿，母亲说："再憋一会儿，到了景点，妈就带你去卫生间。"几分钟后，车停在了市中心的广场路边。孩子首先跳下车，母亲紧跟着下来，指着台阶上的一个树坑，对孩子说："就在这儿撒吧。"

一看母亲这举动，就知道在家乡她从来就是这样指导儿子撒尿的。但是，她忘了此时此刻是在澳大利亚的悉尼，而不是在中国大陆。路边走过的悉尼人用鄙视的目光看着这对母子。我作为同行的中国人，脸上火辣辣的，脑子里只想着三个字："真丢人！"

还有一次，坐在香港的地铁里，中途一站，下去许多人，又上来许多人。其中有几位，像是咱大陆"自由行"的。一个女的带着一个孩子先抢到了两个座位，立刻很麻利地将手里的一个提包和一个卡通的塑料水瓶放在了旁边两个空着的椅子上，还旁若无人地冲后上来的两个成年男人喊着："他爸、他叔，这儿有座！"可能是由于这个女人的整个表演与当地习俗差异过大，她的举动引起了几乎那节车厢所有人的关注。我不认识这几个人，但作为同是“自由行”的大陆人，当时真觉得无地自容！

经过几十年的奋斗，现在我们国家的经济实力增强了，国际地位提升了。不管是我们走出去，还是外国人走进来，我们的一举一动，都备受关注。国人表现出的素养与举止，要与我们迅速提升的国际地位相匹配，这是生活在当今时代的每个中国人的历史责任。

做文明中国人要注意的事情很多，这里只拣几点我自己认为重要的说一说：

购物、等车时要按顺序排队，不要“加塞儿”，不要一拥而上。

在公共场所接打电话、相互交谈要尽量小声讲话，以免影响他人。

在公共场所不要抢占座位；乘坐飞机、火车等交通工具时，若无特殊原因，持票对号入座，不要主动和同乘旅客调换座位。

不要随地吐痰，随意丢弃杂物。

不要在不允许吸烟的地方吸烟，在不吸烟的人面前吸烟要征得对方同意。不要随地丢烟头。

要遵守交通规则。

与人交谈要保持距离，要注意自己的“口气”。

不要直接询问别人的收入。

一般情况下，不要询问女士的年龄、婚否、有无子女。

一个人的风度和气质应使人近而敬之，而不要敬而远之，或近而轻之。友善的行为、优雅得体的言谈举止，是获取信任的通行证。

风度的修炼，涉及方方面面，最根本的还是灵魂的修炼。在工作实践和生活实践中，不断地提高自己的思想境界，使自己成为“一个高尚的人，一个纯粹的人，一个脱离了低级趣味的人，一个有益于人民的人”，不仅形似绅士，而且神似绅士，你就会被团队所接纳，被人们所认同，被社会所尊重。

第七章

情商比智商还重要：怎样与他人良好沟通

张玮说：

什么是最有效的沟通呢？就是用对方熟悉的语言和方式与对方交流。

要想人际沟通好，先得捋顺利益关系。

要和与自己不同的人有效沟通，一个重要的保障性前提，就是要么你走进他，要么你有能力让他走进你心里。

所有的成功都需要他人的参与和配合吗？

戴尔·卡耐基在他的畅销书《沟通的艺术》中有这么一段话：

“把沟通作为现代人的一种生活方式，这是本书所倡导的。我们生活在与他人有着各种联系的网络之中，从早上醒来同别人说第一句话开始，沟通就寸步不离地伴随着所有与人在一起的场合。对于一个讲究效率的现代人来讲，每天的生活和工作都是有目标的，而我们所有目标的实现不仅取决于自己的努力，还取决于在不同程度上参与到这个目标中的其他人的配合。即使是完成一个很简单的意愿，例如购物都离不开与他人的沟通：我们想要买到物美价廉的商品，对方则要有利可图；任何一方在表达自己意愿的同时，都需要考虑对方的需要，否则就可能不欢而散。当我们从沟通—双赢的角度去思考和处理问题时，幸运之门就会打开：原来困难的事情变得容易，不断可以体会到事半功倍的成效，在人群中总是游刃有余，越来越能够做到心想事成（因为我们会根据自身的实力以及与他人的关系调整自己的目标），生活质量有了很大的提升……这些难道不是每个人梦寐以求的吗？”

除了戴尔·卡耐基以外，不知还有多少人通过自己的专著来诠释过沟通！

沟通真的无所不在吗？

《鲁滨逊漂流记》中的主人公在孤岛上独自生活了28年，死里逃生，他得到过谁的帮助？

问题的关键不在于我们对于沟通的基本认知是否存有歧义，而在于当我们对这一概念赋予了“促使事业成功”的特定内涵之后，沟通——是否随处可见？沟通——是否必不可少？

说到这里，沟通这一概念就被提炼成这样一个问题：所有的成功都需要他人的参与与配合吗？

良好沟通能助事业成功

首先要回答上节提到的问题：并非所有的成功都需要他人的参与与配合。

有些工作是可以独立完成的，有些人所从事的事业是可以凭借自己的独门绝技取得成功的，例如一些基础性课题的研究工作、家族传承的特殊技艺等。还有其他一些自由职业，例如工艺品雕刻、书画鉴赏、个体动物饲养、花卉养植等。

我举这么多"反其道而行之"的例子，就是想告诉青年们：若不善沟通，就应当学习沟通，这是常理。但偌大一个世界，岂是光依常理就能解释得明白的！天生就不善沟通的人，也不必难为自己。起码有两类工作适合不善沟通的人做：一是只需器械或工具的支持而非人的支持就能完成的工作；一是常规性特征明显的较简单的重复性工作。

但是，对大多数人、大多数工作，离开了沟通、离开了他人的参与与配合，几乎是无法达成目标的。

从自给自足的农耕社会到大工业生产，再到当今的信息化时代，个体已很难成为一部完整的机器，而是越来越成为大机器中的一个零部件、越来越成为复杂系统中的一个节点。沟通成为连接其他零部件，连接整个系统的桥梁。如同人身体的某个器官，要想实现自己的功能，必须依靠血液、神经、骨骼等系统以及其他器官的支持与配合，否则连生存的能力都不具备。

说话得让人爱听：什么是最有效的沟通

沟通是指两个或两个以上的人或团体，通过一定的联系渠道，传递和交换各自的意见、观点、思想、情感和愿望，从而达到相互了解、相互认知的过程。

它既包括信息传递，还包括接收者对所传递信息的理解。

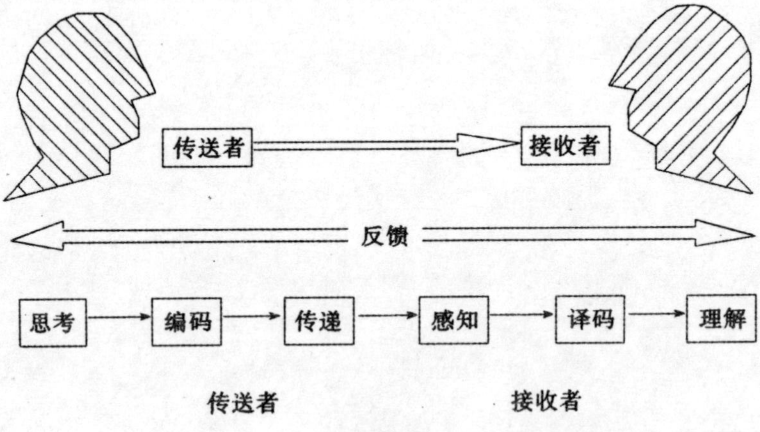

沟通模型

单向沟通是“我说你听”，双向沟通是“你来我往”。

上面这张图展示的六个步骤，如果不考虑图中的“反馈”，就是一个单向沟通的过程。这张图给我们最重要的启示是，不要把向别人传递信息这件事想得太简单。往往在生活中，讲话的人总希望“我一告诉你，你立刻就明白”，“我一要求你，你立刻就答应”。其实，不论是说的人，还是听的人，说清楚与听明白，都是确保沟通效果的基本前提。说的人在说之前，得有个思考的过程；听的人在听到后，得有个理解的过程。

什么是最有效的沟通呢？就是用对方熟悉的语言和方式与对方交流。

为什么杨子荣一上山，短短的十几分钟就取得了座山雕一伙土匪的信任？他成功的关键在于与座山雕沟通的整个过程中，始终把握住了一个关键的技巧，就是用土匪熟悉的语言和方式与土匪交流。

什么“天王盖地虎，宝塔镇河妖。”“野鸡闷头钻，到不了天王山。”当土匪用“黑话”考察他时，杨子荣对答如流。在威虎山上与土匪周旋的那些日子里，他不仅过了语言关，连动作、神态、生活方式都表现得惟妙惟肖，丝毫没有引起土匪的怀疑。

良好、有效的沟通成为杨子荣“孤身入虎穴，智取威虎山”，出色完成任务的重要前提。而良好、有效沟通的前提是对沟通对象的熟悉与了解。

刘备三顾茅庐拜访诸葛亮，第三次才见到诸葛亮。二人相见之后，诸葛亮口若悬河，纵论天下大势，“玄德闻言，顿首拜谢。”赞诸葛亮道：“未出茅庐，已知三分天下，真万古之人不及也！”当即恳请诸葛亮出山，诸葛亮一再推辞，刘备泣曰："先生不出，如苍生何！"

诸葛亮为什么能在那么短的时间里得到刘备的高度信任，其根本原因，就是他在和刘备沟通之前，做了充分的准备：不是准备好了"我想对你说些什么"，而是准备好了"你想从我这里知道些什么"。从这一思维前提出发，去搜集、筛选、整理你最想知道的信息。这就叫投其所好。

我们之所以在许多时候的沟通效果不佳，其原因在于：

第一，用于沟通的信息不完整、不准确，缺乏说服力。

第二，只顾自己说得痛快，很少考虑对方听到后的感受。

第三，喜欢用自己习惯了的方式与对方沟通，很少考虑对方习惯什么样的沟通方式。

第四，沟通时不考虑情境的因素，比如时间、地点、环境以及对方此刻的心情等。

要想沟通效果好，就得在恰当的时候说恰当的话

刘洪亮是一位国企负责劳动关系的人事干部，他跟我讲过这样一件事：

他们单位结构性裁员，有位姓马的员工家庭负担较重，平时经常请假，工作上顶不了一个"整人"用。借着这次裁员，干脆就把他的

岗位取消了。这个员工来公司时间不长，按规定给足了补偿金，解除劳动关系，离职面谈应当不难。

老刘约了这个员工好几次，总是因为各种原因约不上。

9月30日的下午，早早的办公楼里人都走得差不多了。3点多，估计不会再有人来找了，老刘也锁上门，准备回家过节。刚走出楼门，突然发现要做离职面谈的那位员工急匆匆地奔办公楼走来，看见他出门，离老远就喊：“刘干事，我正要找您呢？”老刘也跟上一句：“我找你都找了一个礼拜了！”

老刘带着小马又回到办公室。坐定后，小马说明了来意：“我母亲突发心脏病，27号中午急诊住进了医院，昨天医院跟我商量，要给老太太做搭桥手术，有一部分费用得自己出。可您知道，我妈就我这一个儿子，我的收入又不高，我想请您帮帮忙，从公司借给我1.5万块块钱，我保证在今年底全数还给公司。”看着老刘面有难色，小马又赶忙说：“我可以给公司写个保证书。”

老刘顿了一会儿，语气和缓地说：“本来我这几天也是有重要事情要找你的。很不巧，赶上你家里出了这么大的事。但是，公是公，私是私。私事不能不办，公事该谈也得谈。我就直说了吧：公司裁员，把你的岗位和其他岗位合并了。想必你也有感觉，一年多来，基本上是‘三天打鱼，两天晒网’地上班，也没有哪个领导跟你较真儿。说明什么？就说明这个岗位有没有无所谓嘛！我今天跟你谈的是解除劳动合同的事，我粗略地算过，给你的补偿金应该超过1.5万了，你抓紧时间把解除劳动关系的事办了，从补偿金里拿出1.5万，你母亲做手术缺的钱不就有着落了吗？”

听完老刘的话，小马怔在那里，面无表情地看着老刘，过一会儿他站了起来，转身走出了办公室。门在他的身后摔出沉重的响声。

老刘很不解，“我说错什么了吗？”

老刘错就错在，他在不恰当的时候给小马出了一个不恰当的主意。

导致沟通复杂化的最重要原因

许多刚刚步入职场的青年朋友都有这样的困惑：在学校时没感觉跟人打交道是件多难的事，可参加工作不久，就开始经常为处不好人发愁。尤其是那些性格内向、不善交际的青年朋友，普遍感觉沟通的问题尤为突出。

职场跟学校，究竟差在哪儿？“交际环境”的变化是一个重要的因素：

学校的交际环境简单，而职场的交际环境相对比较复杂。在学校打交道的对象主要是老师和同学，打交道的事主要是学习和生活；在职场打交道的对象有上司、下属、同事、客户、朋友等等，打交道的事也要繁杂得多。

但除了交际环境的变化，导致人际沟通复杂化还有没有其他更为重要的原因呢？

我发现，这其中最为重要的因素就是“利益”：在人际交往中越是利益攸关，交往的难度就越大。

各种理事会、出国旅行团、专业集训班都是以组织形式存在的集体，大家工作、学习、生活在一起，少则几天、十几天，多则数月、数年。不能说什么矛盾都不发生，起码绝大多数这样的集体中人，和睦相处的多，急红眼的少。为什么呢？因为把大家联系在一起的不是彼此之间复杂的利益关系，而是共同的兴趣与需求。人们之间的利益关系的走向是平行或一致的，而不是交织和冲突的。

职场就不一样了，它像一张网，每个人都站在网线交汇点上。所有的利益在最终分配的时候，几乎都遵循着“我多你则少”的法则。比如：相互之间，不可能一年下来大家都干得一样多、一样好。干得好的自然得的多，干得差的自然得的少。且不说评价体系是否科学、完备、公正，即便是在最科学、完备、公正的评价体系下，也找不出几个绩效考核结果不佳的人能心甘情愿地承认自己干得不如人。

利益冲突多，关系就紧张；利益冲突小，关系就好处。在没有利益关系的氛围中，大家谁不乐得做好人？

别说工作单位，连家庭都是如此。改革开放前，一大家子人生活在一起，也时常上演“锅碗瓢盆儿交响曲”，但总体还是和睦相处的多，分崩离析的少。现在就不同了，有多少个家庭兄弟反目、姐妹成仇？为什么呢？还不是利益冲突！哪家不是为了房子，别说兄弟姐妹，连亲生父母都可以不认。其“祸根”就是现在房子太值钱了，一套少则二三百万，多则上千万，谁不惦记？谁不眼红？

所以，要想人际沟通好，先得捋顺利益关系。

还有哪些因素影响沟通

影响沟通的障碍很多，除了“利益”的因素以外，还有诸如文化障碍、地位障碍、距离障碍、心理障碍、情境障碍等。

以上划分还只是分类，不是分项。比如：文化障碍还可以细分为语言障碍、文化水平差距、地域及家庭文化氛围不同、个人成长背景不同、个人价值取向不同等。

当我们去到异国他乡，假若不懂当地语言，不了解当地的文化习俗，就很难与当地人沟通，更谈不上融入到当地人的氛围中去了。为什么美国有“唐人街”，北京有“韩国村”？就是因为人们总习惯和自己语言、习俗相同或相似的人生活在一个屋檐下，沟通起来方便，彼此容易理解。

记得大约在2000年左右，深圳晚报的一则报道在社会上引起了热议，题目叫《兄弟乃保安》。说的是一位大学毕业的女白领，交了一位男友，是深圳某机关单位的保安员。小伙子长得很帅，通过自学取

得了本科文凭。虽是从江苏农村来深圳的打工仔，但不仅勤奋好学，而且工作表现出色，数次见义勇为，获得所在单位，乃至深圳市政府的表彰。

一次偶遇，两人一见钟情，从此建立了恋爱关系。女孩儿总想提高男孩儿的交友“品位”，每次的同学、朋友聚会，都鼓励男孩儿跟她一起参加，但男孩儿却都借故推托。

临近新年，女孩儿所在公司举行新年招待会，请来了深圳市政府各部门的官员、国外知名企业常驻深圳的代表、女孩儿公司的许多重要客户，还有女孩儿自己的一些闺蜜、好友。女孩儿有意通过这个场合公开她与男友的关系，就极力鼓动男孩儿陪她一起参加公司新年招待会。男孩儿推辞不掉，只得勉强同意。

招待会这天，男孩儿精心“装扮”了自己，像个绅士。

晚上，他怀着忐忑的心情，紧紧跟在女孩儿的身后，走进了会场。女孩儿很大方地把他拉到自己的身边，挽着他的臂膀。这一对俊男靓女十分引人注目，大家都主动上前和他们打招呼。主、宾相继发言结束后，酒会开始。大家都端着酒杯，穿梭于人群之中，彼此嘘寒问暖，畅所欲言。这时，一位男士端着酒杯，走到这对“惹眼”的情侣跟前，大声问男孩儿：“这位先生在哪儿高就啊？”男孩儿回答：“兄弟乃保安。”一语即出惊四座！男孩儿的一句话，竟让整个会场顿时静了下来，人们不由自主地把所有的目光聚焦在男孩儿的身上，像在看一个怪物！男孩儿窘迫地、无助地看了身边的女友一眼，然后转身飞奔出大厅，消失在阳台的黑暗里！

后来，他俩不得不分手了。

故事里的男孩儿和他的女友以及他的女友身后的这群人，不是沟通不畅，简直就无法沟通。原因何在呢？“人以群分，物以类聚”或许说的就是这个道理。

要和与自己不同的人有效沟通，一个重要的保障性前提，就是要么你走进他，要么你有能力让他走进你。

提高沟通有效性的“十一要，十一不要”

要	不要
注重说明、陈述、祈使	注重评价、议论、指令
针对问题	泛泛而谈
注重双向沟通	简单地自上而下
理性思维	感情冲动
想好了再说	说痛快了再后悔
理解、同情、设身处地	偏激、霸道、咄咄逼人
多听	多讲
注重反馈	只顾表达
选择有利时机	想说时就说
顾及周围环境	想在哪说就在哪说
灵活使用多种沟通方式	只习惯于会议、文件、报告、讲话、动员等官方沟通方式

改善沟通的十个基本功

一、用声音给人最好的印象

接通了你的电话，

听到你亲切的话语：

“喂，您好，中科三环。”

你的声音好有教养、好清晰，

我不仅被你的声音所吸引，

甚至想立刻见到你……

二、强调的其实不必强调

有些人是不是总爱讲：

“必须……”

“只能……”

“先听我说……”

“必须”意味着对方的服从，

“只能”意味着不许有其他选择，

“先听我说”就等于告诉对方：

“闭住你的嘴，做一个优秀的聆听者。”

这种强势的沟通习惯，

最终带给您的，

只有孤独与寂寞！

三、用对方最能接受的方式表达

一次重要的会议，

早早地人已到齐。

你坐到主持人的位置，

开始了声情并茂的发言……

说着说着，发现四周的人已经各自另找主题，

聊别的东西了……

如果你下次不想这么尴尬，

就别用这种“自己有感觉，而大家都没感觉”的方式。

四、沟通前你选择场合了吗？

在一个摩肩接踵的场合，

向她表白了你倾心相爱的心意，

你没选对地方，

她原本要嫁给你，也可能不点头了。

再不然会一皱眉：

“干什么嘛，为什么现在跟我提这个问题？！”

五、令人厌倦的沟通方式

讲话没有快慢变化，

也没有抑扬顿挫，

每个字距离都一样的人，

不仅有催眠的效果，

还给人喋喋不休的感觉。

六、训斥是最糟糕的沟通

“你怎么这么愚蠢？

总是把事情搞糟！”

“怎么说你都听不明白，

是不是脑子进水了？”

您是否习惯了这样的批评？

它的名字叫“训斥”。

训斥只会使人厌烦，

因为它涉及到对人格的评判。

您知道最有效的批评是什么吗？

那就是——就事论事。

七、沟通时要控制音量

无论是在图书馆里，公交车上，

还是饭店、剧场，公园路旁，

大家都轻声交流，
宁静——带给我们
清新和舒畅。
若是不顾及别人的感受，
大声喧哗，吵吵嚷嚷，
回报您的——只会是厌恶与鄙视的目光！

八、沟通时要学会聆听

一次本打算消除误解的交流，
谈了足足两小时，
对方仍感不悦。
你百思不得其解，
到底原因何在？
原来，120分钟里，尽听你在解释，
却没给对方说话的时间！

九、让一步，海阔天空

听到隔壁吵架，
我忙过去劝解。
问清事情原委，
竟是因为半杯水：
老张将水洒在了地上，
滑倒了冲进门的小王，

小王嫌老张道歉态度不诚恳，

老张说小王又没摔得怎样，干吗小题大做？

——其实两人都有理，

就非得把理讲透吗？

十、沟通时的姿势很重要

同样内容的一次交谈，

你微微欠身在光亮中说，

对方感觉诚恳、真实；

你紧靠沙发、翘起双腿在黑暗中说，

对方感觉压抑、沉闷。

双手在胸前交叉，表示自信；

把手插进兜里，表示“随便”；

一只手压着额头，等于告诉对方：“我在思索。”

双手支着下巴，对方感觉你居高临下；

注意说话时的姿态！

——因为它传递给对方的信息

决不亚于说话。

第八章 做更好的自己：怎样提升与完善自己？

张玮说：

有些习惯，不一定是坏习惯，但却和新环境不相容。你只要想在新环境中生存与发展，就只好改掉它。

革除坏习惯，关键在毅力。

养成好习惯，光有毅力可不够，还得有兴趣。

兴趣从哪来？来自于在培养好习惯的过程中尝到了好习惯给自己的工作、生活、成长带来的甜头。每天读书1小时的习惯，使我的知识得到积淀；每周锻炼3次的习惯，使我的体质明显增强；每次放假都出去走一走的习惯，大大拓宽了我的视野；科学规划时间的习惯，使我的工作效率明显高于大多数人。

拿知识当工具的人，就能把知识用活；拿知识当信条的人，会被知识“捆死”。

好习惯让你受益匪浅

什么是习惯呢?

习惯是指：逐渐养成而不易改变的行为。

习惯的力量是巨大的，要改变一个坏习惯，养成一个好习惯，确实很难。一个很小的坏习惯如果不改，放任自己，可能影响你一生的发展；一个很小的好习惯如果保持一生，也有可能帮助你获得巨大成功。

特别是当一个人带着不良习惯，进入到陌生的环境，会直接影响到自己对新环境的融入。例如：新环境中的人举止都很优雅，而你却习惯于不拘小节；新环境中的人都西服革履，而你却习惯于随意着装；新环境中的人相互有意见，都很婉转地向对方提出，而你却习惯于直截了当等等。

你的这些习惯，与新环境中的人们的习惯形成了强烈的反差。如果你不做改变，就会和新环境格格不入，更谈不上融入了。在这种情况下，你必须主动改变自己，因为你不可能要求人家为你而改变。

有些习惯，不一定是坏习惯，但却和新环境不相容。你只要想在新环境中生存与发展，就只好改掉它。

青年朋友们从学校走进职场，学校的规则和职场的规则有着很大的差异。你当初为了适应学校规则养成的一些习惯，到了职场，就得改。比如：在学校里，同学之间、学生和老师之间、学生和校领导之间，都基本上没有利益冲突。在这种氛围中，提倡大家坦诚相待，有了矛盾，及时直接交流。这就使同学们养成了直抒胸臆的习惯。这并不是一个坏习惯。但当你把这个习惯带到职场，你就会发觉处处碰钉子。

再比如：学校的氛围，提倡学生的个性化发展。同学们都是从全国各地聚到一起，大家性格、习惯、文化的差异都很大。学校不仅不会要求同学们整齐划一，还会倡导大家保持个性、保持活力。同学之间也不会太计较互相之间的干扰与影响。在这一点上，你别看学生年轻，他们对别人的容忍度倒比工作了几十年的成年人要强得多。但是，职场与学校相比，则更强调个性要服从于共性，强调个性的抒发要适度。原因很简单，每个单位都是一个利益共同体，有共同追求的利益目标，有所有成员必须认同的组织文化、组织性格、组织习惯和组织特有的行为方式，来保证组织目标的实现。这就是我们必须改变自己以适应组织的根本原因。

不过，要改变自己的不良习惯，改变自己与集体之间不相容的习惯，改变一个多年养成的习惯，谈何容易！

美国石油大亨洛克菲勒年轻时是个烟瘾很大的人，他有个不好的习惯：每天半夜起来“小解”之后，都要吸上一支烟，再继续睡觉。一次，他被老板派到芝加哥的一个小镇去联系业务。晚上，住进了镇子里的一家小旅店。睡到半夜醒来，上了趟洗手间。回到床边没有立即躺下，习惯性地把身子倚靠在床头，顺手拿起早就放在床头柜上的烟盒和火柴。但却突然发现烟盒是空的！他很失望，将空烟盒攥成一团，狠狠地扔在地上，然后躺下身去。可是，翻来覆去怎么也睡不着。于是起身拨通了前台服务员的电话：“请问附近哪里卖香烟？”前台告诉他大约距旅店不到一公里的地方有一家24小时营业的超市。听到这个消息，年轻的洛克菲勒顿时兴奋了起来，立刻起身穿衣，大踏步地走出旅店。

冬日的夜晚，冷风打在身上，他孤零零的一个人，在夜幕中前行。他边走边想：“我付出如此‘高昂’的代价，为的只是过一把烟瘾。这么没出息，将来还能成就什么事业？”自责占据了他的灵魂，寒冷浸透了他的身体。当走到小超市的门前时，洛克菲勒突然停住了跨进超市门槛的脚步，他决定：烟，不买了！

从这一天起，他不仅改掉了半夜吸烟的习惯，而且彻底地戒烟了！

无论是改掉旧习惯，还是培养新习惯，前提是要善于否定自己：成功的关键是要有坚持不懈的精神。

再说说我自己。

我从40岁开始，培养自己每天必读1小时书的习惯。开始那两年，平均1周能坚持四到五天。后来逐渐养成习惯了，就每天必读。为了确保一天都不落空，我就采用“忙时落的课闲时补”的办法。比如：周四、周五没能完成读书计划，我就在周末多读两小时。

坚持到现在，快20年了，感觉收获颇丰。我读书有个习惯，把重点浓缩成感悟或便于记忆的工具性语言，写在书中当页的空白处。这20年下来，读了几百本书，不是根据兴趣去选择读什么书，而是根据工作、生活、成长的需要。讲课时，学生问我：“张老师的肚子里怎么有那么多的故事？”其实，这就源自两个方面：一是平时生活实践中的观察、搜集、提炼；二是书中。

毛泽东有一段很经典的话：“一个人做点好事并不难，难的是一辈子做好事，不做坏事。一贯地有益于广大群众，一贯地有益于青年，一贯地有益于革命，艰苦奋斗几十年如一日，这才是最难最难的啊！”

革除坏习惯，关键在毅力。

养成好习惯，光有毅力可不够，还得有兴趣。

兴趣从哪来？来自于在培养好习惯的过程中尝到了好习惯给自己的工作、生活、成长带来的甜头。每天读书1小时的习惯，使我的知识得到积淀；每周锻炼3次的习惯，使我的体质明显增强；每次放假都出去走一走的习惯，大大拓宽了我的视野；科学规划时间的习惯，使我的工作效率明显高于了大多数人。

寸金难买寸光阴，每天多出一小时

随着年龄的增长，越发感觉到时间的宝贵。

我最近算了一笔账，一个人一生中真正有效创造价值的时间其实很短：就算从20岁起，到70岁结束，一生能工作50年的人并不多。50年，18250天，除去每天睡觉、打理生活的12小时，还剩下9125天。这九千多天，再除去节、假日休息，假设周末只休1天，连年休假都用来工作，也只有6025天。每年拿出10天，婚丧嫁娶、生病就医、亲朋有事、处理突发事件，不算多吧，又是500天。这里还不再单算学习“充电”的时间。人的一生确有保障的工作时间无论怎样充分利用，最多也只有15年！

为什么有些人一生能做成许多事，有些人一生碌碌无为？其中一个很重要的原因，就是前者具有很强的时间管理能力，而后者将大量的时间都荒废掉了。

诚然，价值取向不同，对怎么叫“充分利用时间”，怎么叫“这辈子没白活”的认知标准也不同。为什么要将最好的时光都用来工作？我就喜欢少工作、多享受，有什么不对吗？我就愿意活得轻轻松松，不跟自己较劲儿，难道不可以吗？

当然可以。只要不违法，不侵害他人的利益，无论什么活法都无可非议。

地球上生活着70多亿人，本来就业就是个大问题，又何必鼓励所有人都争强好胜、有所作为？

强调时间管理、教给大家一些有效利用时间的方法，无非是想让您活得质量高一些。

第一个方法：时间管理日记

8月26日 顺序	工作内容	当日必办	改日缓办	交××人办	完成情况
1	召开专业技术职务评审小组会	√9：00			
2	约××员工谈话	√11：00			
3	起草×××制度文稿		29日前完成		
4	电话答复××处长×××问题	√抽空			
5	电话答复×员工住房补贴问题			交行政主管办	
6	校对××××文稿			交人事主管办	
7	通知下周一上午召开×××会议			交××办	
8	同×××商量×项工作	√16：30			
9	写××会议发言稿		9月3日前完成		
10	去北京××公司检查工作	√13：15			

上面这张表一看就明白，不用多解释。如果养成每天记“时间管理日记”的习惯，坚持数年，必有好处，善用时间的技巧尽在其中：合理布局、大事不忘、有序推进、见缝插针。

现在有很多时间管理工具，包括很多APP、表格模板、事先印好日程表的昂贵的记事本，全世界到处都有以写时间管理的主题而成名的励志作家。就连智能手机，也会自带一些日历、记事本、备忘录等提醒功能，还有很多人每天设好多次闹钟提醒自己该在什么点做什么事。可以说，只要你愿意，有数不清的人会给你提建议，有数不清的方法可供你挑选使用。其实无论是什么方法和工具，最重要的是你要有自制力和毅力，养成言出必行的习惯，用流行的话来说，就是对自己狠一点。是的，但凡有所成就的人，都是舍得对自己狠，舍得让自己不那么安逸的人。

第二个方法：时间优选公式：

重要、急迫的事 ↓ 自己做或自己组织	重要、不急迫的事 ↓ 对自己或对企业最有意义的事，要安排好计划去做
急迫、不重要的事 ↓ 交给下属做，注意检查回馈	不重要、不急迫的事 ↓ 不办或缓办

一天从早忙到晚，无非就是这四类事：

A. 重要、急迫的事；

B. 重要但不急迫的事；

C. 急迫但不重要的事；

D. 既不重要也不急迫的事。

在这四类事里，无论是对组织，还是对个人，最有意义的、最具深远影响的是B类：重要但不急迫的事。比如：企业未来五到十年的发展规划；个人的成长计划或职业生涯发展目标；购房、买车、让子女接受最好的教育等提高生活质量、改善家庭条件的愿景。这些事哪一件不重要？但却都不急迫。没有哪一件事是必须立即处理的。这些事就可以缓办。

那么，既要立即做，又必须亲自做的显然是A类：重要、急迫的事。

冷静地观察一下生活，仔细体验一下自己整天在忙些什么，你会惊奇地发现，大量的时间被你用在了D类：既不重要也不急迫的事情上。一天接了多少个“扯闲篇儿”的电话？一个月应酬了多少个碍于情面的聚会？一年瞎忙活了多少件原本可以不掺和的无聊事？

我的时间管理原则是：

立刻亲自去做A类事；

有计划地缓办B类事；

巧妙地委托或指派他人去办C类事；

对于D类事能拖则拖，能不办则不办。

这个原则的实施，使我受益匪浅！

年轻时整天忙忙碌碌的我，到了40岁以后反而越活越轻松了。不是因为事儿少了，而是因为自己会打理时间了。

不舍不得，学会放弃更重要

充分利用时间，去做“两件事”：最想做的事和不得不做的事。

那么，对不想做的事和可做可不做的事怎么办呢？这里不光有个判断问题，还有个勇气问题。

“我不想做就可以不做吗？”有些青年朋友疑惑地问我。

“本来计划好了，周末要去图书馆看书的，可老板的一个电话，我就得改成加班了。”

“老大不小了，好不容易谈了个女朋友，约好晚上一起去看电影的。刚要出门，一位大学同学来找，说是两个四川籍的同学来北京出差，临时决定今晚大家在一起聚一聚。我刚说了句‘跟女友已经有约’，就被同学斥之为‘有了女友，就甩了哥们儿’。最后不得不去会同学。其实自己很不情愿。”

这种事情，生活中经常遇到。怎么办呢？

给大家讲个李成儒的故事：

著名演员李成儒做客某地方卫视，讲他是怎样提高生活效率的。

他说：“我有一阵子喜欢钓鱼，就交了一批‘鱼友’。过了一段时间，钓鱼的兴趣被收藏的兴趣所取代，我就又交了一批‘藏友’。随即我就把手机号码换了，原来交的‘鱼友’，只有两三个不论钓不钓鱼都说得来的，我给了他们我的新手机号，其他人就都找不到我了。”

主持人问他：“你这么做，不显得太绝情吗？”

李成儒说：“那怎么办？我换一个兴趣就交一批朋友，只增不减，日积月累，那我一天得拿出多少精力来应酬，我还有时间做事吗？”

我不想评价李成儒这么做对不对，起码有一点我非常认同：要想做成事，就得会舍弃，否则整日“为他人做嫁衣裳”，最终自己却一事无成。

这个道理许多人都懂，但在生活实践中却经常是自己的时间总被别人“驾驭”，自己经常处于不得已而为之的状态。

原因有两个：从客观上讲，在社会化大生产的今天，个体必须服从于集体。假若每个人都只顾满足自己的心愿，组织的利益、团队的利益乃至国家的利益必定要受损害。这算是“舍小我，顾大局”，不得已却该为之。从主观上讲，拒绝自己不愿意做的事，不仅需要准确的判断，即该不该拒绝；还需要高超的技巧，即怎么拒绝能够将拒绝给被拒绝者带来的不快降到最低；更需要有拒绝的勇气，即敢不敢拒绝。

这里，“敢不敢”是关键，这一点，我有深刻的体会：我这一辈子得罪了许多人，包括亲戚、朋友、同学。许多亲戚来北京，我有意回避见面；不少朋友邀约聚首，都被我婉言谢绝；同学聚会，无论是大学、中学、小学的同学聚会，我几乎一次都没有参加过。

这么“孤傲不逊”，这么不留情面，能不落埋怨吗？听到的评价很不入耳，比如：“人家现在是‘大人物’了，不屑与咱们这些人为伍”，“亲戚朋友算什么，赚钱、出名才是人家的正事”等等。

听到这些话，我也有压力。但在压力面前，我没有环顾左右而退缩。我奔着自己认定的目标径直地走了40多年，这40多年虽然走得很艰辛，但是很值得。我的父母既没有钱，也没有权，他们都只是普通的教师。我凭借着自己的努力，从一个连初中都没有毕业的学徒工成长为全球第二大稀土永磁企业的“高管”；从一个办公室的文员，成长为著名的人力资源专家、北大清华的客座教授、北航的研究生导师。

那么我是用什么时间成长起来的呢？

除了工作的历练以外，就是人家用来走亲访友、推杯换盏、故交叙旧、同学聚首的时间。记得4年前，我为了赶写我的第一本专著《面试有戏》，国庆节的7天假，我自己一个人在公司的办公楼里待了4天。楼外，处处是节日的喜庆气氛；楼内，只有我一个人在寂静中奋笔疾书。有朋友问我：“你不觉得寂寞吗？”我说：“习惯了。”

我真的习惯了。

鲁迅先生用“人家喝咖啡的时间”写文章，成为了文学巨匠；我用人家聚会、娱乐、郊游的时间来“恶补”自己知识的欠缺、总结与提炼自己的工作经验与生活感悟，44年的职业生涯做成了3件事：前24年历练挫折，积累经验；中间10年系统学习，充实提高；最近10年，传道、授业、解惑，为企业、为社会、为青年做出贡献。

我用自己的亲身经历给青年朋友一个忠告：小舍小得，大舍大得，不舍不得。如果你整天瞻前顾后，什么都舍不得，最后被你舍掉的就是成功。

向上的路没有终点：学习是个永恒的话题

北京大学医学院的郭敬萱教授，是我国著名的心脏内科专家。快80岁的老人了，不仅每周要出诊至少两个半天，还经常到处讲学、出国交流。我是郭教授的老“病人”，也是郭教授的老朋友。聊天中问她：“早已功成名就了，还不颐养天年，干吗整日奔波，把自己搞得这么累？”郭教授认真地回答我：“现在医学发展速度这么快，一旦我离开了临床，不出半年就会落伍，所以，必须毫不松懈地跟踪。如果没有了出诊、讲学、考察这些体验和交流的活动，我就不再是心内科的专家，而变成心内科的‘傻瓜’了。”

这就是一位年近八旬的老人对于学习紧迫感的认知。

最近几年许多用人单位都提高了招聘的门槛，比如中科院的研究所，不仅研发岗位，就连职能岗位，都以博士学历的毕业生作为招聘主体。许多高新技术企业的关键岗位最低也必须是硕士毕业生。一个博士从上小学算起到最终拿到学位，至少读书20年、硕士至少18年。其中不乏有人这样认为：“我读了这么多年的书，已是饱学之士，一旦进入职场，唯一的任务就是施展才能。”若跟他谈“空杯心态”，他会极不服气。但我在现实生活中深切地感受到：对于一个积极进取的人来说，当今最大的压力，莫过于学习的压力。知识更新的速度稍微慢一点，你说出话来就有可能被人耻笑。

作为一名教师，同样一门课，你拿去年的讲义今天来讲，就有可能被学生问得哑口无言。

作为一名学者，你拿昨天的知识解释今天客观世界的变化，就有可能遭致不知多少网民的质疑。

作为一名企业管理者，你拿马斯洛的需求层次理论来激励今天80后、90后的青年员工，他们会大声地跟你说："我对需求没有层次，哪怕是饥肠辘辘，我的最低层次的需求仍然是个人价值的实现。"

为什么许多机动车驾驶员会说"GPS靠不住"？为什么纸质的地图、字典买的人越来越少？一个很重要的原因就是知识更新、技术更新，甚至环境更新的速度都太快，我们生活着的这个世界的每个角落都在日新月异地变化着，使人目不暇接。

就像跑马拉松一样，中途你稍事休息片刻，就不知又有多少人跑到了你的前头。

科技的发展，让我们的知识更新速度越来越快，十几年前全国很多地方的计算机教学还是很原始的各种语言，如今，办公操作早已不需要繁琐的机器语言，不断升级的office软件让人们能够做到傻瓜式操作。同样，作为职场人，如果还以多年前的知识和眼光看待工作，就会像过时的软件一样被淘汰掉。我们必须时时保持敏锐，及时更新自己的知识和思维方式，让自己的职场力不断进化。

所以，学习早已不是人生的一个阶段，而是一个永恒的话题。

事半功倍，掌握高效的学习技巧

成年人不像在校生，没有那么多系统学习的时间。尤其是初入职场，既要尽快熟悉职场环境、熟悉自己的工作，还得努力地表现自己，以赢得领导和同事的认同。学习的主要途径一是结合工作实践学习相关理论；二是在不影响工作的前提下参加单位或社会上组织的各类培训；三是挤出时间自学。这就要求我们掌握高效的学习技巧，达到事半功倍的学习效果。

技巧一：同步转换

避免死记硬背，强调理解归纳。逐步掌握在搜集信息的同时，随即筛选、整理并归纳为自己脑中的成熟信息的学习方法。

我的“同步转换”是这样实现的：当我去听一个报告或者一个讲座，我边听边记录。不是靠录音笔录下报告内容，回去后再整理，也不是快速作笔记。而是在听的同时随即将听到的信息在脑子里经过筛选、组合，整理成自己理解、归纳后的文章，回到家在语法修辞上稍作调整，就可以使用了。

训练自己掌握这种方法，开始时要靠录音笔的“支持”，因为怕遗漏重要内容或者记错重要观点，会后要以录音为据，拾遗补缺。但我在实践中体会到：不要以录音当“拐棍”，坚持“同步转换”法的训练，日复一日、年复一年，大约经过三年左右的时间，就能驾轻就熟地使用这种方法了。

技巧二：举一反三

老师能够通过学生听课的状态判断出他听课的效果。有一种状态老师会很满意，叫“听课听得入了神”。但我要说，这还不是令老师最满意的状态。我以为令老师最满意的状态是“听课听得出了神。”

比如：老师讲了一道数学题的解，而一位从事企业管理的学生却从这道数学题的“解”里，解开了自己心头在工作实践中一道管理难题的“扣”。牛顿的自由落体原理，就不是在物理实验室里经过数百次的反复试验得出的，而是当他坐在校园的苹果树下休息的时候，一个苹果突然掉下来砸到他的头上，使他联想到“苹果为什么往下掉，而不往上掉呢”，由此得出结论：因为地球有引力，而引力的方向是垂直并且向着地心的。

举一反三就是“活学活用”，拿知识当工具的人，就能把知识用活；拿知识当信条的人，则会被知识“捆死”。

技巧三：巧用工具

为什么许多成功人士讲起话来旁征博引、口若悬河，听后让你有醍醐灌顶、茅塞顿开的感受？正可谓：“听君一席话，胜读十年书。”

脑子里蕴藏的知识丰富，生活的体验又深刻，自然能达到这样的境界。当然还得口才好、逻辑归纳能力强。

这里有个窍门，就是这些人能将所有看过的书，都转化成“工具”。

举个例子：我看一本书，手里拿支笔，看到某一页有段至理名言，就把它抄录在这一页的右上角空白处，然后给这段话归类，比如“人生感悟”、“战争经典故事”、“典型管理案例”等等，将归类目录写在本页左上角。全本书读完，再就以上内容编辑一个索引，粘贴在这本书的首页上。于是一本工具书就“制作”完成了。然后按自己的取用习惯，把它放在办公室或家里书房的书柜等“唾手可得”的地方。

十多年来，我用这种方法制作了三百多本各类工具书，再加上自己根据工作、学习、生活的需要陆续购买的专业工具书，大大丰富了我的知识“宝库”，使我受益匪浅。

其实学习的方法有很多，每个人都能总结出几种适合自己的高效学习方法，关键是：第一、你得有心去做；第二、你得能坚持。

学习，虽然不能改变你生命的长度，但可以改变你生命的宽度；虽然不能改变你生命的起点，但可以改变你生命的终点。

附　录

诗三首

盼雷锋

假如现在
我还不曾，不曾在人世上出生
假如让我
再一次开始，开始我生命的航程
在这广大的世界上啊
哪里是我最迷恋的地方？
哪条道路能引我走向最壮丽的人生？
哪里的土地能让禾苗茁壮成长？能让大树郁郁葱葱？
哪里的母亲能给我纯洁的血液、坚强的四肢、明亮的眼睛？
亿万人脚步纷纷的道路上，此刻啊，谁向西、谁向东？
灯红酒绿的世界上，一瞬间，是失败？是成功？
我带着迷茫，苦苦思索
我怀着憧憬，奋力抗争
可为什么难以从梦境中清醒？
为什么总在艰难前行的途中？
有谁能为我答疑解惑？
有谁能引我攀上事业的巅峰？
今天的祖国，已不再贫瘠
今天的人们，已不再纯情

领袖的身影已不再伟岸
精神的支柱也难以将这拔地而起的万间大厦支撑
我有多少疑惑要问雷锋：
你为何22岁就终结了自己的生命？
我期盼着，你能活到今天
和我们一同演绎这不似以往的人生
如果你一直活着
仍是世人敬仰的楷模
我愿继贺敬之老人之后
续写出一首震撼青年灵魂的新诗
叫《今天的雷锋》！

2013.06.28于北京

公司要你不懈怠

刚来公司的时候
我常听到你爽朗的笑声
我常看到你灿烂的面容
晚会上
工作中
我们的团队里

总见到你那焕发着青春活力的身影
几年过去
你变得沉稳、老成
步伐不似当年那么轻盈
倩影不似当初那么分明
眼角平添了浅浅的皱纹
几缕银丝夹杂在黑发之中
当我告诉你
公司要组织活动
看得出
你多了几分疑虑，少了几分激情
我不怨你
我也曾有过和你相似的经历
我能够体悟你内心的苦衷
你那略显消瘦的臂膀
要将家庭、工作两副重担支撑
三十而立的你
虽已有了一些职场的历练
言谈举止却还总像是一个初出茅庐的书生
生活的重负
能否使你兴趣索然？
岁月的流逝
能否将你的棱角磨平？

共青团郊游的旗帜下
再难看到你那英姿飒爽的身影
公司组织的歌咏会上
再难听到你那悠扬悦耳的歌声
一想起这些
我就有几丝惆怅、几多悲情
我已到了花甲之年
本想把公司的明天托付给你
但找你已难
只因你已渐渐地消失在匆忙顾我的人流之中
还能回来吗？孩子
赶快回来吧！孩子
因为你还年轻
你看我虽已满脸沧桑，步履艰难
却还在憧憬着企业未来数十年的振兴
你难道已变得那么老于世故？
你难道就一点也不为之动容？
如果不想做什么
你可以有一千条理由为自己不做而证明
如果你铁定了心要把什么事情做成
只要有一条理由就行
公司要你不懈怠！
这就是我对你最大的期盼

是时候了
停住退却的脚步吧！
我此刻必须以历史赋予的名义
在你身后
在你们的身后
——大喝一声！

2013年10月30日于北京

我的理想

夏日的夜空满天繁星
我家的小院儿，格外宁静
海棠树叶被清风吹拂
树梢上发出偶尔的蝉鸣
儿时的我，躺在院中的藤椅上
听姥姥讲那天上的事情
姥姥说
月上有山川河流
还有鲜花点缀的树丛
嫦娥和玉兔在树丛中游玩
牛郎和织女也早已落户在广寒宫
组成了幸福的家庭

听着姥姥的故事
仰望着夏夜星空
我在想
将来要当一名天文学家
探索宇宙的奥秘
朦胧的理想
逐渐地在我的心中生成
十二岁那年八月的一天
同样是一个满天繁星的夜晚
一伙臂带红袖标的青年
突然闯进我的家园
他们手持棍棒，把我家砸个稀烂
我被这突如其来的风暴推向了万丈深渊
他们打碎的不仅是“封、资、修”的瓶瓶罐罐
还有姥姥用爱为我精心编织的理想梦幻
十二岁的我
吓得蜷缩成一团
我必须将理想变为一种纯粹的诉求
成为工、农、兵中的一员
以证明自己对家庭的背叛
在那如火如荼的年代
我在山沟里度过了自己职业生涯的第一个十年
是磨难，还是历练？

是煎熬，还是积淀?
十年间我苦苦思索
当理想被现实化为泡影
人生还有没有自我价值的实现?
这十年更让我明白：
不当徒弟，怎么知道想学本事还得侍奉好师傅?
不当工人，怎么知道优秀的“白领”得从“蓝领”干?
不受挫折，怎么改掉身上的娇骄二气?
不因急功近利而犯错，怎能变得成熟与稳健?
当历史发生突变的瞬间
我悄然进入而立之年
又一个满天繁星的夜晚
我和一位长者在微风吹拂的夜空下交谈
“大家都看好你，若是不走，你将在所里平稳发展。
若是走了，就得有拼一拼的准备，因为再想回来可难。”
我们谈了整整三个小时
最后是他，帮着涉世不深的我做出了决断
林泉[①] 老师，我永远的朋友!
铭记一生吧
在物理所操场上那个为我的理想奠基的夜晚!
当初的三环[②]

① 林泉，原中国科学院物理研究所副所长，后调任国家科委秘书长，现已退休。
② 三环，指中科三环高技术股份有限公司。

是惊涛骇浪中的一只小船
就连舵手
也没有驾驭的经验
那是我们第一次投入大海的怀抱
以前甚至不曾被海水沾湿过衣衫!
但是
我们紧紧地靠在一起
用身体的热量来传递温暖
看着舵手那坚定的眼神
我们的心中生成了一个信念
顾不上用语言将这信念准确表述
只因这只小船随时都有倾覆的危险!
从舵手的眼神中
我们领悟到了四个字
——勇往直前!
这时，我开始懂得:
理想要在生死存亡时确立
理想要在奋力拼搏中实现!
理想不是一个人的事情
她是集体的诉求，民族的期盼
为了共同的理想
我们在大海中航行了三十年
没有抛锚

没有靠岸

启航时

一叶扁舟在风浪中摇曳

可今天

已是一支威武的舰队

在汪洋中乘风破浪，鼓起风帆！

启航时

我们名不见经传

今天

舰队已自立于世界企业之巅！

若问我

是否已到达理想的彼岸？

我要说

还差得太远、太远！

因为舵手告诉我

要让四大洋到处都有我们的军舰！

再过三十年

又回到家乡的小院

还是一个满天繁星的夜晚

姥姥坐在小院的石凳上

手里拿着一把蒲扇

我依偎在姥姥的身边

对她说：

“理想已经实现”。
姥姥开心地笑了
她轻轻地抚摸着我的额头
把我儿时听过的童谣又唱了一遍：
“蓝蓝的天空银河里
有只小白船
船上有棵桂花树
白兔在游玩
桨儿桨儿看不见
船上也没帆
漂呀漂呀
飘向西天。”
在姥姥的歌声里
我渐渐地阖上了双眼
跟着姥姥去追逐那飘向西天的白船

2014年5月9日 于北京